T. A. Z.

The Temporary Autonomous Zone, Ontological Anarchy, Poetic Terrorism

Hakim Bey

Autonomedia, P. O. Box 568
Williamsburgh Station
Brooklyn,NY 11211-0568:
www.autonomedia.org
email: info@autonomedia.org
ISBN 1-57027-151-8

Book design & typesetting: Dave Mandle and Ben Meyers

T. A. Z.
一時的自律ゾーン、存在論的アナーキー、詩的テロリズム

何かご意見がありましたら、下記の出版社までお知らせください。
インパクト出版会　113-0033 東京都文京区本郷 2-5-11-2F

第二版への前書き
Preface to the Second Edition

仮にこの本が一人の人間だとすれば、充分に齢を重ねた今なら、それ自身を理解することができるだろう。

第一部「存在論的アナーキズムの宣伝ビラ」のいくつかのヴァージョンが、一九八四年にチラシの形で配布され、そしてその後、ここで見られるような形となり、そして何十（何百）ものジーンや愛好家の出版物やアンソロジーに収録された。一九八五年、この宣伝ビラは、ニュージャージー州ウィーホーケンの「グリム・リーパー・プレス」から書籍として出版され、一九九一年にはブルックリンにあるオートノメディアが、それらのチラシのもう一つのシリーズや、一時的自律ゾーンについてのエッセイとともに、『一時的自律ゾーン／T. A. Z.』という書名の下にまとめられた。同時に、この本のすべての素材は、初期のインターネットで（アナーキストのアンチ＝コピーライトという了解の下で）公表されたが、その経緯についてはわたしは関与していない。この「ネット」の影響力が宣伝の一助となり、この本は版を重ね、かなりよく売れた。その後、それはオランダ語、ドイツ語、フランス語、ポルトガル語（加えてブラジルのポルトガル語）、スペイン語（スペインと南米の両方）、日本語、スロヴェニア語、トルコ語、そして（続いてすぐに）ノルウェー語とクロアチア語に翻訳され、ハンガリー語とベンガル語では要約が紹介されている。

わたしは、この本が「危険」そして「不快」だと――例えば、マレイ・ブクチンによって――攻撃され、そのことが売り上げに貢献したことにも触れておかなければならない。

『T．A．Z．』は、わたしには八〇年代の本である。つまり、九〇年代や、わたしたちが今暮らしている名前のない時代よりも、不思議にロマンティックでよりエロティックな時代を感じさせるのである。振り返ってみると、その反ペシミズムの度合いの強さには驚いてしまう。地球は、急速な変化――いわゆる「歴史の終わり」――に直面していたし、この本が登場した時でさえそうであった。しかし『T．A．Z．』は、依然として、わたしに馴染み深かった弁証法の尺度のもとで世界を考察していたのである。それは「冷戦」、「資本主義」対「スターリン主義」という相似した瓜二つのものの衝突である。「一時的自律ゾーン」の基本概念は、待ち望まれていた第三の道、すなわちその弁証法の回避、「自由主義圏の資本」と「共産圏のイデオロギー」双方に対するオールタナティヴであったのだが。

一九八九年のソビエト連邦の崩壊とともに、旧弊で歴史的な弁証法もまた内部崩壊したのであるが、一九九一年頃まで、第一次「湾岸戦争」まで、誰もそれにまったく気付いていないようであった。一九九四年、チアパスのサパティスタたちが「グローバリズム」への抵抗という新しい政治を世界に提起したが、しかし、その反乱はこれまでのところ展開に失敗している。つまり、「都市のサパティスタ主義」は出現してはいない。その代わり、わたしたちは今やネオ＝リベラリズム（新自由主義）の新たな局面や覇権主義的なグローバリズム、あるいは「帝国」のなかにいる。これは、「第三の世界」の中立的な社会主義や、非同盟の左翼主義、『T．A．Z．』が伝えているヒッピー／パンク的なアナーキズムをも含む第三の道の明らかな失敗を象徴しているのである。事実、いわゆる「第三の世界」さえも消滅してしまっている。「第二の世界」といったものがないのであれば、どうして「第三の世界」が存在できるだろう？　わたしたちが手にしたものとは、一つの世界――古い自由主義と国際共産主義者の陰鬱な夢のパロディである――それはすなわち、排除されたゾーンを伴う、ルールに従う必要のない単一のスーパーパワーである。

言うまでもなく、「一時的自律ゾーン」は単に、歴史的瞬間としてだけではなく、心理的精神的な領域、あるいは実存的な状態としても出現する。人間は、密度の高い諸集団によってシェアされた、自律という「至高体験」を必要としているように見える――ランボーが言っているような〈フリー・フリーダム／完全なる自由〉［一八七〇年、ジョルジュ・イザンバール宛の書簡中の、liberté libre に相当する］を――想像の中だけではなく、現実の空間／時間の中で、社会的なものに価値と意味とを与えるために。今わたしたちは、（男爵たるレディー、マーガレット・サッチャーの言葉を借りれば）「『社会』というようなものは存在しない」世界の中に暮らしているのだが、TAZは、これまで以上に今日的な意味を増したように思われる。事物は他の遠く離れた諸国においては異なって見えるのかも知れないが、時として、「凶暴な貪欲性／Beast's Belly」〔二〇〇三年に公開された映画『The Belly of the Beast』／邦題『沈黙の聖戦』のワンマン・アーミー的な〕という視点からは、TAZは時として、全体性に向けられた抵抗という「外部」を、あるいは真実の空間を創造する、最後にして唯一の手段となるようにも思える。

この観点からすると、思うに、この本の一番弱いところは恐らく、インターネットについての部分だろう。わたしはネットを、TAZを補助し、TAZに奉仕するテクノロジーであり、その出現を増強する手段と想定していた。わたしは、ネットのこの機能の代わりに、「ウェブ」という言葉を提案した。何というお笑い種だろう。『タイム』誌は、わたしをサイバー＝グルと断定し、TAZはサイバースペースに存在する、と「解説した」のである。「ウェブ」は、インターネットの商業用、あるいは監視という機能の公式用語となり、一九九五年頃には宣伝とネット企画という詐欺集団に屈服し、（仮にそれが少しでも実際に存在していたとしても）インターネットのアナーキーな潜在力を埋葬することに成功してしまっていたのである。「左翼」に残されていること（left of the Left〔左翼〕）は、今や、ゴーストワールドに住まうことだけのように見えるが、そこでは、「まぐれ当たり」が政治活動を決定し、そして「ヴァーチャル・コミュニティ」

だけが人間の存在する場となる。「ウェブ」は、「グローバル・キャピタル」の完全なる鏡像となっているのであり、それは、境界線がなく、独善的で、儚くて、美学的に破綻した、モノカルチャー的で、暴力的なものであり——ばらばらの分裂、孤立の強制であり、知覚の、セクシュアリティの、そしてあらゆる微妙な感覚の消滅を強いるものなのだ。

「ＴＡＺ」は、地理的な嗅覚、触覚、味覚を備えた肉体的空間に存在せねばならない（サイズからすると、言わば、大都市に対するダブルベッドの大きさ）——さもなければ、「ＴＡＺ」は、もはやひとつの青写真か夢想でしかない。ユートピア的な夢は、批判的な道具と発見的問題解決法《ヒューリスティック》の装置としては価値を備えているが、生きられた生、現実的存在、冒険そして愛の代わりにはならないものである。仮にあなたが、メディアというものを生活の中枢とするならば、あなたは、媒介された／メディア化された生を送ることになる——しかし「ＴＡＺ」は、メディアを介さない直接的なものであることを、さもなくは無であることを望むのである。

ＴＡＺは、空間よりも、時間への流動的な関連の中に存在する。それは、真に一時的なものであるが、恐らくはまた、休日、バカンス、夏休みのキャンプといった繰り返す自律のように、周期的に訪れるものでもあるだろう。それは、首尾よく成功したコミューン、あるいは放浪者の小領域《エンクレーヴ》のように、「恒久的な」自律ゾーンである「ＰＡＺ」（パーマネントなＴＡＺ）となれるかも知れない。「ＰＡＺ」には、大麻の栽培家によってひそかにコントロールされた、アメリカやカナダの田舎の地域のように不法で秘密裏のものもあれば、宗教的セクト、アート集団、トレーラーハウスの駐車場、スクオッターたち等々のように、もっとオープンに運営することができるものもある。あなたは、「TAZ」的であることの相対的な度合いについても語ることができる、つまり結局のところ、自律はないよりもあった方がまし、と。わたしは、趣味のグループや、古風な友愛会組織も、こうした点に関心があるのだと思う。

全体性が唯一のものとなっている現在の状況は、「それが発する周波数とは異なる電波」（スプリアス）を地獄のように忌み嫌う。それはつまり、スペクタクル的なものを超えた、シミュレーションを超えた、すなわち、スポットライトを浴びるものであるからだ。確かに、いずれ近いうち、ある真実の抵抗勢力が結合し始めることだろう。連帯と差異の双方に基づいた、消費文化と「グローバル・イメージ」の均質さと分離に抵抗する新しい運動が立ち現れることだろう。この運動の形態を予見することは誰にもできない。なぜならそれは、ある意味、ポスト＝イデオロギー的な、ポスト宗教的なものであろうからであり、すなわち、自然発生的で、経験に基づいた、大衆的なものだからである。わたしは、それが、「ラッダイト」的なテクノロジー恐怖症風の、情熱的な「環境保護主義《グリーン》」やある種の「反文明」となるとは思えない。それは「貧しく」、徹底的にスピリチュアルなものだろう（宗教的にではなく、恐らくはシャーマニズム的に）。それは「社会的なもの」、断固とした反「資本主義者的」なものであろう。恐らくそれは、かつて、いわゆる「第四の世界」と呼ばれていたものから、そして、帝国主義の遺伝子と企業的な新植民地主義への抵抗の最先端から出現するだろう。それは、異なる空間では異なる形態をとり、真正面からの大規模な対峙を回避し、抵抗の新しいゲリラ戦術を用い、そして新しい種類の開放された空間／時間の領域を開くことだろう。これらの領域のいくつかが、TAZとなるだろう。

そして、もし我々が夢を見ているなら、なぜ大きな夢を見てはいけないのだろう？　一つの国や地域そのものが、PAZへと形質転換するという夢を？　もし、ポスト＝モダニズムが我々に、「過去」という廃墟を掘り返して喰らい、そして我々が愉快と感じるものを何であれ回収してもよい、という陰鬱な自由を提供してくれるなら、なぜ、（シュールレアリストの遺物である）レジスタンスのくたびれ果てた遺骸のいくつかを、反乱を……、そして革命までも、もう一度掘り当てて何が悪いだろう？　これらの骨董品が絶対に危険であると再び証明されるなどということが可能なのか？　我々には、「最終的な囲い込み」を回避し、少なくとも反対し——そして我々自身の「外部」を創出するすべを習得することは、できるのであろうか？

二〇〇三年のメーデーに

T. A. Z.
The Temporary Autonomous Zone, Ontological Anarchy, Poetic Terrorism

T．A．Z．
一時的自律ゾーン、存在論的アナーキー、詩的テロリズム
［第２版］

第二版への前書き　i
謝辞　5
日本語訳（初版）への序文　7

カオス：存在論的アナーキズムの宣伝ビラ　13

カオス　15　詩的テロリズム　18　狂気の愛　21　野性の子どもたち　24
異教信奉　28　アート・サボタージュ　31　アサッシン派　34　花火　37
カオスの神話　40　ポルノグラフィー　46　犯罪　50　魔術　53　広告　56

存在論的アナーキー協会のコミュニケ集　59

第一コミュニケ　I．地下鉄の落書きやその他の目的のためのスローガンとモットー　61
II．「コンセプチュアル・アート」の王国にあって未だに痛ましくも萎びている詩的テロリストのいくつかの思想　64
第二コミュニケ　カリカク家を記念するボロ＆カオスのアシュラム：一つの提案　66
第三コミュニケ　ヘイマーケット問題　70
第四コミュニケ　世界の終わり　73
第五コミュニケ　「知性的なS／Mは八〇年代のファシズムである――アヴァンギャルドは糞を食べるし、それを好む」　77
第六コミュニケ　I．黙示録のサロン：「秘密の劇場」　83　II．殺害――戦争――飢饉――強欲　86
第七コミュニケ　心理的旧石器時代主義とハイ・テクノロジー：立場表明　90
第八コミュニケ　カオス理論と核家族　97

第九コミュニケ　二重の告発　I．キリスト教　100　II．妊婦堕胎権支持者と反対者たち　102
第一〇コミュニケ　本会議は新しい告発を布告する――予期された粛清　104
第一一コミュニケ　特別休暇シーズンの食物について　ラント：ライトを消せ！　108
ハロウィーン特別コミュニケ　革命的行為としての黒魔術　114
特別コミュニケ　AOAは、カオス・ムーヴメントにおける粛清を予告する　121
ポスト・アナーキズム的アナーキー　124
黒い王位と黒薔薇　アナーキズム的君主制とアナーキズム的神秘主義　130
暗黒の時代への教え　144　死の再生産に反対する　151
シュールレアリスムの紛れもない廃棄通告（ハリー・スミスへ）　157
不思議な諸宗教の大会議に向けて　160　中空な地球　168　ニーチェとダルウィーシュたち　172
一九九〇年代に向けた分析：警察の文化をボイコットせよ！！！　178

TAZ／一時的自律ゾーン　187

海賊のユートピア　189　革命を待ち受けること　193
日常生活のサイコトポロジー（心理位相幾何学）　199　ネットとウェブ　209
「クロアタンへと去りぬ」　224　組織原理としての音楽　239　消滅としての権力への意志　246
情報のバビロンの中のネズミの巣　255　補遺A．カオス言語学　260
補遺B．応用快楽説　264　補遺C．特別引用　266
第二版への訳者あとがき　274　初版への訳者あとがき（抜粋）　278

本書は、Hakim Bey, T.A.Z. THE TEMPORARY AUTONOMOUS ZONE, ONTOLOGICAL ANARCHY, POETIC TERRORISM, second edition, 1985, 1991, 2003, Autonomedia の日本語訳である。

しかしながら、新たに差し替えられている補遺のA、「カオス言語学」（原著では Aimless Wandering: Chuan Tzu's Chaos Linguistics「目的のない放浪：荘子のカオス言語学」）は、頁数制限もあり収録することがかなわなかった。従って、本書は第二版の全訳ではない。

原著において用いられているイタリック体、大文字表記、：：は、すべてそれぞれ〈 〉、傍点、「 」に置き換えた。その結果として文章が多少煩雑となったが、原著の表記を尊重した。また、書名等には『 』を用いた。登場する固有名詞は、もっとも一般的であると思われる表記に統一するように努めた。訳注としては［ ］を用いたが、原著において注釈が一切なされていないことから、訳書においても最小限に留めた。

また、Autonomedia による原著の補助として、インターネット上で公開されているテキストを用いた。

謝辞
ACKNOWLEDGEMENTS

『カオス：存在論的アナーキズムの宣伝ビラ』は、まず一九八五年にニュージャージー州ウィーホーケンのグリム・リーパー・プレスから出版された。その後ロード・アイランド州プロヴィデンスで再版され、そしてその版はコロラド州ボールダーで海賊版が出た。その他の版としては、一九九〇年のプロヴィデンスのフェアラーク・ゴーレムより発行されたもの、カリフォルニア州サンタクルーズにあるウィ・プレスによる海賊版がある。『一時的自律ゾーン』は、ボールダーの「幽体離脱した詩学《ディースエンボディード・ポエティックス》」のジャック・ケルアック・スクール、並びにニューヨーク・シティのWBAI-FMで朗読されたものである。

この本に含まれている各部分を掲載してくれた以下の出版社（現存／廃刊を問わず）に感謝の意を表します（疑いなく、わたしはそれらの多くを忘失してしまっているでしょう——申し訳ない！）——『ケイオス（"Kaos"）』（ロンドン）、『ガニミード』（ロンドン）、『パン』（アムステルダム）、『ポピュラー・リアリティ』、『エクスクィジット・コープス』（同様に『スティフェスト・オヴ・ザ・

コープス』、『シティ・ライト』）、『アナーキー』（コロンビア、ミズーリ州）、『ファクトシート・ファイヴ』、『ダールマ・コンバット』、『オゥヴォゥ』、『シティ・ライツ・レヴュー』、『ランツ・アンド・インセンディアリー・トラクツ』（アモク）、『アポカリプス・カルチャー』（アモク）、『モンド2000』、『ザ・スパラディクル』、『ブラック・アイ』、『ムーリッシュ・サイエンス・モニター』、『ペイ！』、『ファグ・ラグ』、『ザ・ストーム！』、『パニック』（シカゴ）、『ボロ・ログ』（チューリッヒ）、『アナテマ』、『シディシャス・デリシャス』、『マイナー・プロブレムズ』（ロンドン）、『アクア』、『プラキルパーナ』。

また、以下の各人に感謝を捧げます。ジム・フレミング、ジェィムズ・ケーンライン、スー・アン・ハーキー、シャロン・ギャノン、デイブ・マンドゥル、ボブ・ブラック、ロバート・アントン・ウィルソン、ウィリアム・バロウズ、P．M．、ジョエル・バーロコ、アダム・パーフリー、ブレット・ラザフォード、ジェイク・ラビノヴィッツ、アレン・ギンズバーグ、アンヌ・ヴァルトマン、フランク・タリー、アンドレ・コドレスク、デイブ・クローバー、アイヴァン・スタン、ナザニエル・ターン、クリス・フンクハウザー、スティーヴ・イングランダー、アレックス・トロッター、ベン・メイヤーズ。

——一九九一年五月

日本語訳（初版）への序文
Preface for Japanese Translation

この本は、一〇年以上の昔に書かれたものである。世界は、その後変わった。そのため、わたしはもはや、『T．A．Z．』の中で表現された理念のいくつかに同意することができなくなってしまっている。

一九八七年から九一年にかけてのコミュニズムの崩壊によって、イデオロギーの時代としての二〇世紀はその終わりを迎えた——それにより、二進法的な権力の世界もまた、終焉したのである。「社会的なもの」（すでに救いようもなく辱められ、堕落してはいたが）という偉大なる一九世紀の理念は、自己を偽って無に帰した——しかしその瞬間に、イデオロギー的デモクラシーの「自由な」「西側世界」もまた、その終わりを迎えたのである。今や我々は、勝ち誇った「資本」、グローバルなネオリベラリズムという単一の世界、保護貿易主義的「国家」の武装解除、グローバルな労働とデモクラシーとのすべての「取り引き」の破棄、市場のエクスタシー、「歴史の終わり」、商品フェティシズムと空想的な疎外とに基づいた普遍的モノカルチャーの中で生きているのである。この五年間、「資本」それ自体は見る影もなく変容し、すべての現存する「通貨」

の九〇％以上が生産物（つまりは富）とは無関係となってしまっているのだが、しかしそれはまさに、利ざや稼ぎと通貨交換――事実上、ヴァーチャルな通貨――に基づきつつも、未だに「現実世界」における権力として現れているのである。すなわち通貨は、純粋なスピリチュアリティのグノーシス主義的な天国に「存在」しながら、未だにすべての被造物を支配しているということなのだ――これは、神でさえ成し得なかったことである。

この本『ＴＡＺ』は、「あれか／これかのポリティックス」、つまり「ブルジョア革命」と「社会主義革命」――「スペクタクル」の世界――との間の偽りの二分法を拒絶することから著されており、それゆえ、「あの」革命自体への批評を成すものであった。しかしながら、この二重の虚偽という古風な弁証法は、今や一人の「偉大な」勝利主義者の嘘によって乗り越えられてしまっている――すなわち、歴史自体の絶対性が、最も卑小な存在の中に――つまり「通貨」の中に――自己を見い出したわけである。「自由」と「平等」という二つの革命は両者とも、ついに通貨の同時性・瞬間性という巨大な静止状態、通貨の「存在」の中で消去されてしまった。反対・対立のない世界において、「第三の道」、つまり「あれか／これか」などということがどうしてあり得よう？　「第二の」世界が存在しないがために、「第三世界」もまた存在することができないのである――あるのは、ただ一つの世界、資本の普遍的世界だけである。

この普遍化という瞬間、社会主義と「歴史自体」とが、「純粋な銀行」とハイパー高利貸しという「遅すぎた資本主義《トゥー・レイト》」のサイバーグノーシス主義的な夢の機械へと消散してしまう瞬間――まさにその瞬間に、「あの」革命の灰の中から、不死鳥のように何かが再生されねばならない。その新しい形態とは、以下のものである――すなわち、歴史の「ロジック」のおかげで、それは自由と平等という二つの革命を総合し、そして同時に、「資本」の不可分の単一性へ抵抗するという自身の本性を見出すことで、それらを超越するであろう。それは、革命的な差異をもとにして、モノカルチャーの永遠の単調さに異を唱えるであろうし、それは「資本」を現前の蜂起的なリアリティー――「経験主義的な自由」――から無限に切り離すことに反対するだろう。メキシコ、チアパスのサパティスタ民族解放軍（ＥＺＬＮ）は、企業がらみの啓蒙という恐ろしい重圧、意識の地球規模のマクドナルド化／ディズニー化、そして「日常生活」を人類の膨大な消耗の中へと最終的に貧困化することに抵抗する、ポスト千年王国的な謀反の火蓋を切った。「ネオ・リベラリズム」が、すべてのセクターを消耗へと捨て去りつつ「諸々のゾーンのプロレタリア化」を押し進めるにつれて、チアパス的な謀反は広まり、枝分かれし、同盟を結び、そしてより完全な意識を求めて闘うことであろう。「都市のサパティズム」は、そこかしこ、あらゆるところで展開し、抵抗とレジスタンスのふさわしい形態へと到達するであろう――アメリカでも、ヨーロッパでも、そして日本でも（これは、三極世界が自身のマージナルなゾーンを「世界資本」による消耗から救済できないが故に、真実なのである――そして時には、その「周辺」がきわめて広範となり得るのだ)。

わたしは、未だに「一時的」で蜂起的な形態が展開する可能性を信じたいと思っているし、まだ「自律性《オートノミー》」にも信を置いている——そしてわたしは、「ゾーン」という言葉が今も有効であると確信している。しかしわたしは、「一時的自律ゾーン」の概念のうち、その手続き上の主張を再コンテクスト化したいと思うのである。この意味において、TAZは、虚像の中に私物化されてしまった歴史を——その行動に携わる個々人が、個々人のために——奪還する行為となる。ここでは、「経験的な自由」の直接的な拡大の中での、そして同時に「古い社会の殻の内部での新しい社会の核心を築く」ことの一形態としての、「革命的な欲求」という概念が有効なのだ。TAZのゲリラ的側面は、「目隠しされた資本の円形刑務所《パノプティコン》」への抵抗の手段としてはまったく適切なものである。だがTAZに今必要なのは、自らを反対者、否定者として肯定するその禁断症状(拒絶の身振り)を乗り越えることなのだ。それは戦略的には、他の革命的な差異との相互関係を連合するプロセス(リゾーム的な複雑性)を通じた組織的な形態——その自発性においても——として、一時的にそして恒久的に実現され得るだろう。この意味で諸々のTAZは、たった今再生したばかりの不死鳥が姿を現す多様なしるしなのである。

もしあなたがこの本を、ここに概説した観点から読むならば、これらのセクションは新しい世界状況に適合させるために「リライト」されねばならないが、それらは依然として何らかの価値を有している、ということを覚えておいて欲しい。わたしはあなたが、そうした価値を見いだし、歴史の変遷によって幾分かは蝕まれてしまっているこのテクストの翻訳を補正して読まれんことを願う。

ハキム・ベイ

一九九六年一一月二〇日

カオス：存在論的アナーキズムの宣伝ビラ

（マームード・アリ・アブド・アル＝カービル師に捧ぐ）

カオス
Chaos

カオスは決して滅びてはいない。原始の未だ刻まれていない岩塊、唯一尊敬すべき怪物、緩慢でのびのびとしていて、（バビロン以前の影にも似た）あらゆる神話よりも紫外線を多く発しているこの最も初めで未分化の存在の一者性は、未だにアサッシン派〔三四ページ参照〕の黒色三角長旗のような静穏をまき散らし、でたらめで、そして永久に酩酊しているのだ。

カオスは秩序とエントロピーのあらゆる原理に優先し、いわゆる神でも蛆虫でもないものであって、その白痴めいた欲望が、すべての実現可能な舞踏法、すべての無意味なエーテルと熱素とを内に包み、そして定義する。つまり、それがまとう仮面はそれ自身の匿名性が具体化したものなのであり、雲のようなものなのだ。

自然におけるあらゆる事物は、意識を含めて完全無欠に実在しているのだから、思い悩むべきことなどは絶対にあり得ない。「法」の鎖は既に断ち切られているだけではなく、決して存在してはいなかったのであって、悪魔たちは決して星々を守護せず、あの「帝国」は決して着手されず、「エロス」は決して顎髭を生やしたりはしなかったのである。

まあお聞きなさい、これが実際に起こったことである――すなわち、それはあなたにすり寄り、善悪の諸理念を売りつけ、あなたの身体に対する疑念を与え、あなたのカオスの預言者としての資質を侮辱し、あなたの分子的な愛にむかむかさせる単語を発明し、あなたに怠慢という催眠術をかけて、文明とすべてのその割に合わない感激により、あなたをうんざりさせてしまったのだ。

生成は存在せず、革命も、闘争も、指針も存在しない、であれば既に、あなたはあなた自身の生命の君主である――あなたの不可侵の自由は、別の君主たちの愛によって完成されるのを待ち受けている。それはつまり夢のポリティックスであり、空の青さのように渇望されているものなのだ。

あらゆる架空の諸権利や歴史の気後れを脱ぎ捨てるには、伝説上の「石器時代」の経済が要求される――それは司祭ではなくシャーマン、支配者ではなく吟遊詩人、警察ではなく狩人、旧石器時代の怠惰な採取民たちであり、血のように穏やかにして、お告げを得るために裸体となるかあるいは鳥のように身を彩った彼らは、あからさまな現前、時のない常なる今という波の上で均衡を保っていたのである。

カオスの代理人たちは、彼らの境遇の、彼らの〈光明と悦楽〉（lux et voluptas）という熱病の証拠となり得るあらゆる事物、あらゆる人たちに、燃えるような一瞥を投げかける。わたしは、わたしが愛し欲するものの中にだけ、恐怖と関わる問題を認めるのだ——その他のすべては、覆われた家具、日常的な知覚麻痺、まったくの馬鹿げたこと、全体主義的政権の近爬虫類的な倦怠、陳腐な検閲や無益な苦痛にしかすぎないものである。

カオスの化身たちは、スパイとして、サボタージュするものとして、狂気の愛の犯罪者としての役目を遂行するのだが、それは無欲でも利己的でもなく、子どものようにつき合いやすく、野蛮人のようなマナーの、強迫観念でイライラした、失業中の、肉欲的に錯乱しているものであり、残忍な天使、黙想のための鏡、花のような眼、すべての徴候と意味の海賊なのである。

ここでの我々は、教会、国家、学校、そして工場の、つまり、あらゆる誇大妄想的な記念石柱のあいだの僅かな隙間をこそこそと這い回っているのである。凶暴なノスタルジアによって一族との関係を絶たれ、我々は失われた言葉を、仮装の爆弾を求めてトンネルを掘り進む。

最後に残された〈行為〉とは、知覚それ自体を定義すること、我々を接続している不可視の黄金のコードを定義することだ。つまり、裁判所の廊下で非合法に踊ることである。もしわたしがここであなたに接吻するなら、彼らはそれをテロリズム行為と呼ぶことだろう——であれば、我々の拳銃を持ってベッドに入り、一斉射撃で、カオスの味がするメッセージで、浮かれ騒ぐ酔っぱらった山賊のように真夜中の街を叩き起こそうではないか。

詩的テロリズム
Poetic Terrorism

夜通しコンピュータが銀行業務を進めるロビーで、奇怪な身振りで踊ること。無許可での花火の打ち上げ。「州立公園」の中にまき散らされた奇妙なエイリアンの遺物のようなランド・アートやアースワーク。家々に夜盗に押し入り、だが盗みとるのではなく、「詩的テロリスト」的な物体を残すのだ。誰かを誘拐し、そして彼らを幸せにしてやりたまえ。

誰かを適当に選び、巨大で、役立たずで、そしてびっくりするような財産――例えば南極の土地五〇〇〇マイル四方、年老いたサーカスの象、ボンベイにある孤児院、錬金術の写本等――の相続人であることを彼らに納得させること。後に彼らは、束の間ではあっても、何か異常なものを信じていたことを理解するようになるであろうし、恐らくその結果として、存在のもう少し情熱的な様式を追い求めずにはいられなくなることだろう。

あなたが天啓を受けたり、あるいは特に満足すべき性的経験等を得たことのある場所（公有／私有を問わず）に、それを記念する真鍮の銘板をはめ込むこと。

奇跡を求めて裸身となれ。

あなたの怠惰への欲求や、精神的な美への希求を満たすことのできない学校や職場の現場で、ストライキを組織せよ。

落書き《グラフィティ》アートは、醜悪な地下鉄や硬直した公共のモニュメントに、ちょっとした優雅さを貸し与えた――「詩的テロリズム」アートも、公共空間のために創造され得る。つまりそれは、裁判所の便所になぐり書かれる詩、公園やレストランに捨てられる卑猥な呪物《フェティッシュ》、駐められた車のワイパーに挟まれるコピー・アート、運動場の壁に張り出される「大物のスローガン」、気まぐれに、あるいは選ばれた受取人に配送される匿名の手紙（郵便の詐欺）、海賊ラジオ放送、湿ったセメントなのだ……。

「詩的テロリズム」により惹起されるオーディエンスの反応、または美学的ショックは、少なくとも恐怖感と同じくらいに強烈でなければならない――ものすごい嫌悪感、性欲の喚起、迷信深い畏怖、突然の直観的解明、ダダ風の不安のように――「詩的テロリズム」の標的が一人か多数かを問わず、「署名」されているか匿名であるかに関わらず、もし（アーティストを別とした）誰かの人生を変革することがなければ、それは失敗なのである。

「詩的テロリズム」とは、舞台を、座席の列を、チケットと壁を備えない「残酷演劇」の一幕である。そもそもそれが作用するために、「詩的テロリズム」は、アートの消耗のための（ギャラリー、出版、メディアといった）すべての慣習的な構造と断固として絶縁している必要がある。ストリート・シアターというゲリラ的なシチュアシオニストの戦術でさえ、今は恐らく余りに知られ過ぎ、当然のこととなってしまっているのではないだろうか。

単にお互いが満足するためだけではなく、わざとらしい優雅な生活における人目を意識した行為としても遂行され得る精妙な誘拐――これこそが、究極の「詩的テロリズム」であろう。「詩的テロリスト」は、信頼できる詐欺師として立ち居振舞うが、その目的は金銭ではなく、変革にある。

「詩的テロリズム」は、自分以外のアーティストたちにではなく、あなたがしてきたことがアートであることを（少なくともほんのわずかなあいだでも）理解しないであろう人々のために行うこと。見覚えのあるアートのカテゴリーや政治運動は避けること、議論するためにうろついてはならないし、感傷的になってもならず、無慈悲に、危険を冒し、貶め〈ねばならない〉ものだけをぶち壊し、子どもたちが一生覚えているようなことをせよ――しかし、「詩的テロリズムの女神」があなたに憑いていない限り、自発的であってはならない。

ドレス・アップしろ。偽名を捨てされ。そして伝説の人となれ。最良の「詩的テロリズム」は法に立ち向かうものであるが、しかし逮捕されてはならない。それは犯罪としてのアートであり、アートとしての犯罪なのである。

狂気の愛
Amour Fou

「狂気の愛」は、「社会民主主義」でもなければ、「二人の議会」でもない。諸々の意味を取り扱うその秘密会の議事録は、散文で著すにはあまりに膨大で、あまりに厳密すぎる。これでもなく、あれでもない——「狂気の愛」の「寓意辞典」が、あなたの手の中でわななくのである。

もちろん、「狂気の愛」は教師と警察を欺くものであるが、同様に解放運動家やイデオローグたちをも嘲笑する——それは、いわゆる清潔で明るく照らされた空間なんかではないのだ。位相幾何学的《トポロジカル》な山師が、その回廊と放棄された公園を、輝く黒色と薄く透き通った狂気の赤で彩られた待ち伏せ装置をレイアウトしたのだから。

我々のそれぞれは、その地図の半分しか持ち合わせてはいない——ルネサンス期の二人の権力者のように、我々は新しい文化というものを、我々の呪われた身体の混合、呪われた液体が溶け合ったものと定義する——我々の「都市国家」の「仮想の」境界線は、我々の汗で滲むのである。

存在論的アナーキズムは、その最後の釣行から決して帰還することはなかった。誰かがＦＢＩに密告しないあいだは、カオスは文明の未来について思い悩んだりはしない。「狂気の愛」は偶然にしか生じない——その最初の目標は、「銀河」を内部に取り込むことにある。突然変異の陰謀なのだ。

「家族」に向けられたその唯一の関心は、近親相姦の可能性にある（「あなた自身を増やせ！」「すべての人類をファラオに！」）——おお、もっとも誠実な読者よ、我が同胞、我が兄弟／姉妹よ！——そして子どもの自慰行為の中に、それは（日本製の女性用薄片避妊薬のように）隠されている「国家」が砕け散るイメージを見ているのである。

言葉がそれを用いる者のものであるのは、誰か他の者がそれを盗み返すまでのあいだのことにすぎない。シュールレアリストたちは、「狂気の愛」を「抽象主義」という幻の仕組みに売り渡すことによって自身の名を汚した——彼らは、無意識の内に他者を凌ぐ力だけを求めていたのであり、ここにおいて（成人した白人男性だけのために、婦女子を骨抜きにする「自由」を要求した）サド侯爵の後を襲うこととなったのである。

「狂気の愛」とは、それ自身の美学で飽和したもの、自身の身振りの軌跡で溢れかえったもの、天使の時計に心を奪われているもの、人民委員や商店主にとってのお誂えの運命ではないものである。その自我《エゴ》は欲望という可変性の中に消散し、そのコミューン的精神は強迫観念という自愛のなかで萎びるのである。

「狂気の愛」が通常ではないセクシュアリティを巻き込む方法は、魔術が通常ではない意識を要求するに際してのそれである。アングロ＝サクソンのポスト「プロテスタント」的世界は、そのすべての抑圧された官能を広告へとそそぎ込み、それ自身を引き裂いてぶつかり合う暴徒としたのだが、それがすなわち、ヒステリックな似非淑女たちvs乱交を好むクローン族〔マッチョタイプの服装を好む男性同性愛者〕と以前の＝元＝独身者たちである。「狂気の愛」は誰かの軍隊に加わることを望まず、「ジェンダー・ウォーズ」には参加しておらず、雇用機会均等にはうんざりしており（事実、「狂気の愛」は生活のために働くことを拒絶する）、不平は言わず、弁解もせず、決して投票もしないが、しかし絶対に税金を払わない。

「狂気の愛」は、すべての父無し子（「私生児」）が出産予定日を迎え、生まれ出るのを楽しむであろう――「狂気の愛」は反エントロピー的趣向の上で栄えるのである――「狂気の愛」は子どもたちに悪戯されることを好む――「狂気の愛」はお祈りよりはましだし、シンセミア〔受粉しないように雌株だけを分離して育てたマリファナ〕よりも好ましい――「狂気の愛」は、どこに行っても自分専用の椰子の木と月とを備えている。それは熱帯信仰を、サボタージュを、ブレイクダンスを、『愛しのレイラ』を、そして火薬と精液の臭いとを崇拝するのだ。

「狂気の愛」は、それが偽装しているのが結婚か、ボーイスカウトの一隊であるかを問わず、通常は違法である――自身の分泌液を醸したワインによってであるか、あるいは自身のポリモーファスな美徳の煙によってであるかを問わず、常に酩酊している。それは感覚の錯乱ではなく、むしろそれらの神格化なのである――自由の結果ではなく、その前提条件なのだ。それが、〈光明と快楽〉（lux et voluptas）なのである。

野性の子どもたち
Wild Children

満月の不可解な光の小道――「I」［わたし］で始まるある「国家」の五月中旬の真夜中のこと、それはあまりに二次元的であるため、地形を備えているなどとは到底言うことができない――それらの光線があまりに差し迫っていてかつ具体的であるため、言葉で思考するには、あなたはそれに陰影を書き込まざるを得ないのだ。

野性の子どもたちへは、〈手紙〉を書いても無駄である。彼らはイメージで思考するのだ――散文は彼らにとって、完全に会得され身に付いたためしのない暗号のようなものであり、それは、我々にとってもそれが決して完全には信頼されていないことと同様である。

あなたは彼らに〈関して〉書くだろう、銀の鎖を喪失した他の者たちが後を追えるように。あるいは彼らの〈ために〉書くだろう、物語と象徴とを作り上げることは、あなた自身の旧石器時代の記憶への誘惑のプロセスなのであり、解放への野蛮な誘惑であるのだから（カオスとしての混沌がそれを理解している）。

この空想世界の人種もしくは「第三の性」、〈野性の子どもたち《アンファン・ソヴァージュ》〉のために、空想と「イマジネーション」は今でも未分化のままである。それは抑制の効かない遊戯であって、それがすなわち、我々の「アート」の、そしてすべての人類のもっともすばらしいエロスの源泉となるものなのだ。

枯れることのない様式の源、官能的な貯蔵庫としての無秩序を内に含み込むことは、我々の異質でオカルト的な文明の原則であり、我々の陰謀の美意識であり、我々の気違いじみたスパイ行為なのである——これは、ある種のアーティストの、あるいは一〇歳または一三歳の子どもの行為である（それを直視しよう）。

それ自身の浄化された感覚によって、美しい快楽という燦爛たる魔術へと売り渡された子どもたちは、リアリティー自体の本性における何か凶暴で汚らしいものを反映している。すなわち、彼らは生来の存在論的アナーキストであり、カオスの天使なのだ——彼らの身振りと体臭は、彼らの周囲に存在のジャングルを、つまり蛇、忍者の武器、亀、未来のシャーマニズム、大混乱、小水、亡霊、太陽光、自慰、鳥の巣、卵とを完備した洞察の原始林をまき散らす——破壊的な顕現あるいは創造を、月光を薄切りにするには充分なほどに脆くしかし鋭利である奇怪なアンティック彫刻の形にまとめ上げるには力不足な、それらの「低水準」に住む不平屋の大人たち（groan-ups）［groan（不平の声を出す）と、grown-ups（大人たち）をかけている］に対する、愉快な侵略なのである。

未だに、それらの劣等で取るに足りない次元の居留者たちは、自分が「野性の子どもたち」の運命を操っていると本当に信じ込んでいる——そして〈ここでは〉、そのような悪徳の信念が、偶然の出来事の実体の大部分を実際に作り上げているのだ。

それらの野蛮な逃亡者たち、あるいは二流のゲリラたちを指図するよりも、むしろ災いに満ちた彼らの宿命を〈分け合う〉ことを実際に望む者、そして、大切に育むことと解放とが〈同じ行為〉であることを理解し得る者たちだけが——彼らは大概アーティストであり、アナーキストであり、倒錯者であり、異教徒であり、（お互いに分離していると同様、世界からも隔たった）バンドなのであって、あるいはそれらは、大人たちがその仮面の後ろからわけの判らないことを言っているときに、その視線を食卓越しに凍り付かせる野性の子どもの力としてのみ出会うことが可能なものである。

ハーレーのチョッパー［改造オートバイ］に乗るには幼すぎる——平坦な寂れた町の放校された者、ブレイクダンサー、やっと髭が生えはじめた詩人たち——ランボーとマウグリ［狼に育てられた子ども、『ジャングル・ブック』〔の主人公の名前〕という流星花火から落ちてくる百万もの火花――そのけばけばしい爆弾がポリモーファスな愛の小型版であるか細いテロリストたち、そして大衆文化の屑同然の破片――耳にピアスすることを夢みるパンクの銃砲保持者たち、青灰色の埃の中、売春婦の立つ「貧民」街を音もなく進むアミニストの自転車乗りたち――季節外れのジプシーのすばしっこいスリ、微笑みながら横目を使う権力のトーテムの泥棒たち、小銭とそして凄い刃のついたナイフ――我々は、それらをあらゆるところに嗅ぎつける――我々は、自らの〈光明と喜び〉(**lux et gaudium**)という背徳と、彼らのまったく従順な堕落との交換を公にするものである。

だから、これを覚えておくことだ。つまり、我々の〈実現〉、我々の解放は、〈彼らのそれ〉次第なのだ、ということを――それは、我々が「家族《ファミリー》」、つまり陳腐な未来のために人質をとっている「愛の守銭奴たち」や、あるいは冗漫な「実用性」の地平線の下に沈むべく我々すべてを訓練している「国家」を猿真似するからではない――断じて違う――それは、〈我々と彼ら〉、つまり乱暴な者たちは、それぞれがお互いのイメージなのであり、官能性、破戒、幻影という柵で囲まれた場所の境界を示す銀の鎖によって結び合わされ、触れ合っているからなのである。

我々は同じ敵を分かち合い、そして意気揚々と逃げ出す方法も同じものである。つまりそれは、狼たちと彼らの子どもたちのスペクトルの光輝によって力を与えられた、狂乱した、脅迫観念的な〈遊戯〉なのだ。

異教信奉
Paganism

魂の小舟を御するための思考の配置。

「もしイスラム教徒がイスラムの教えを理解するなら、彼は理想的な崇拝者となることだろう」

——マームド・シャビスタリー

エレグア〔キューバの宗教であるサンテリア教の神〕、頭に鈎のような角を戴き、目には宝貝をはめた醜い開始者、黒いサンテリア教の葉巻とラムの酒杯——ガネーシャ〔ヒンドゥー教の神〕、「始源」という鼠に騎乗する象頭の太った少年と同じようなものである。神聖な退行を諸感覚で嗅ぎ取る心的能力。霊的力（baraka）を感じられない者たちには、世界の慈愛を知ることもかなわない。

ヘルメス文書のうちの『ポイマンドロス』は、幻影の生気、すなわち霊によるイコンの魔術的内在を説いた——しかしながら、この儀式を彼ら自身に、そして物質的存在のすべての明白な構造に執行することのできない者は、憂鬱を、屑を、衰退のみを継承することになる。

異教徒の身体は、この場を——まさにこの地球を——天国と知覚しているすべての「天使たちの宮廷」となる（「天国があるとすれば、それは〈ここ〉に違いない！」——ムガール帝国の庭門の銘文）。

しかし存在論的アナーキズムは、終末論にとってはあまりに旧石器時代的である——事象とはリアルなもの、魔術の作業、「イマジネーション」を備えた森の精霊のようなもの、不快な漠然性の死なのだ——オヴィディウスの『変形譚』の趣向——突然変異性の叙事詩である。個人的な神話風景なのだ。

異教信奉は、未だ法を発明したことがない——それが発明したのは、美徳だけである。聖職者の政略も、神学あるいは形而上学または道徳も発明してはいない——だが、そこにおいてはヴィジョンなくして誰一人として真のヒューマニティーを獲得できない、普遍的なシャーマニズムというものを発明はしたのである。

食物・通貨・性交・睡眠・太陽・砂、そしてシンセミア——愛・真実・平和・自由、そして正義、美。豹に跨った酔っぱらい少年であるディオニューソス——腐敗した青臭い汗——半羊半人の神パーンは、あたかもそれが海であるかのように固い大地を腰まで浸かりつつ重い足取りで進み、その皮膚は蚊とかさぶたで覆われている——「エロス」は、泥だらけの足で腿に沼の泡をつけた、一ダースののどかな裸のアイオワの農場の少年たちの中へと増殖する。
渡り烏、ポトラッチを主宰するトリックスター、時には少年、老婦人、月を盗んだ鳥、池に浮かぶ松の鋭い葉、「ヘックルとジェクル」〔アニメーション映画の主人公、二羽のカササギ〕の形をしたトーテムポールの頭部、薪の山の上で踊る銀色の目をしたカラスのコーラス・ライン——これらは、ジャワ革命のパトロンである、猫背でアルビノで半陰陽の影絵人形、セマールのようなものである。

青い星の海の女神にして同性愛者の庇護者イェマヤ〔サンテリア教の女神〕——骸骨の首飾りをしてシヴァ神の太い男根の上で踊り、長い舌でモンスーンの雲を営める女神カーリーの青黒い半面である女神ターラー——魔法の塔や洞窟の中で、タントラ的性交によってサルタンたちに不死身のパワーを授ける暗緑色のジャワの女神、ロロ・キダルと同じようなものである。

ある視点からは、存在論的アナーキズムは極度に空虚であり、すべての資質と所有物は剥奪されており、カオス自体と同じように貧しい——しかし他の視点から見れば、それはカトマンドゥの「呪われた寺院」や錬金術の象徴事典のような奇怪な趣向の事物に寄生するものなのである——それは、ラカム〔トルコ風のお菓子〕を食べながら、そして異端の概念を心に抱きつつ、片手をそのバギー・パンツの中に入れて、自分の長椅子に寝そべっているのだ。

その海賊船の船殻は黒くラッカー塗装され、大三角帆は赤、黒色三角長旗には翼ある砂時計の意匠があしらわれている。

精神の南シナ海、椰子の繁った熱帯の平坦な海岸の沖合、名の知られぬ動物寓話的な神々に捧げられた腐敗した黄金の寺院、島また島、裸の肌にまとった濡れた黄色い絹のような微風、光を発するカオス的な暗黒を背景に、汎神論的な星々に導かれる秘儀中の秘儀、光の上の光。

アート・サボタージュ
Art Sabotage

「アート・サボタージュ」は完璧に具体的であろうとするが、しかし同時に、不明瞭な要素を保ち続ける——プロパガンダではなく美学的ショックなのだ——ぎょっとするほど真っ直ぐでありながら、微妙にねじ曲げられている——「メタファーとしての行為」である。

「アート・サボタージュ」は「詩的テロリズム」の暗黒の側面である——「破壊を通じた創造」なのだ——しかしそれはどんな「党派」にも、ニヒリズムにも、そしてアートそれ自体にさえも仕えることはできない。あたかも幻影の消失が意識を高めるように、美学的な病原菌を粉砕することは、ディスクールの世界の、「他者」の世界の大気を浄化する。「アート・サボタージュ」が奉仕するのは、ただ意識、心の集中、そして覚醒に対してだけである。

「アート・サボタージュ」は、パラノイア、脱構築をしのぐものである——究極の批評——不快なアートへの肉弾攻撃——美学的聖戦《ジハード》なのだ。とるに足りないエゴイズム性（ego-icity）の微かな汚点、あるいは個人的な趣味という微かな汚点でさえ、その純粋性を汚損し、その力を損なってしまう。「アート・サボタージュ」が権力を求めることなどあり得ない——ただ、それを〈解放する〉だけである。

個々のアートワークは（最悪の場合でも）、大概は現代性を備えていないというだけのものである——「アート・サボタージュ」は、意識を希薄化し、妄想によって利益を得るためにアートを用いる諸機関に損害を与えようとする。この、あるいはその詩人や画家が、ヴィジョンを備えていないということで非難されることはない——しかし、悪質な「諸思想」は、それらが生み出した文明的所産を通じて攻撃され得るのである。ミ、ュ、ー、ザ、ッ、ク、は催眠術と操作のために考案された——その仕組を粉砕することは不可能なことではない。

公開焚書——なぜ、無教養で保守的な白人層と「税関」の役人がこの武器を独占しているのだろうか？　悪魔の虜となった子どもたちに関する小説、『ニューヨーク・タイムズ』のベスト・セラー・リスト、ポルノグラフィーに反対するフェミニストのパンフ、教科書（特に「社会」、「公民」、「保健体育」）、『ニューヨーク・ポスト』、『ビレッジ・ボイス』その他のスーパーマーケットで売られる新聞の束、キリスト教系出版社の撰集『ハーレクイン・ロマンス』が少々——祝祭の雰囲気、晴れ渡った秋の午後に人々の間を回される、ワインの瓶とジョイント［紙巻き煙草風のマリファナ］。「証券取引所」で通貨を投げ捨てることは、かなり素敵な「詩的テロリズム」だった——しかし通貨を〈破壊する〉ことが、優れた「アート・サボタージュ」ではなかったか。テレビ番組を強奪し、略奪した何分間かのあいだだけでも扇動的な「カオス主義者」のアートを放送することは、「詩的テロリズム」の偉業の一つを構成するものであろう——だが、単に放送塔を爆破することこそが、完全に適切な「アート・サボタージュ」なのではないだろうか。

仮にある種のギャラリーや美術館が、窓から煉瓦が時折投げ込まれるだけの価値があるならば——破壊行為ではなく、満足へと向かう第一段階である——では、銀行はどうなのだろう？　ギャラリーは美を商品に変えるが、銀行は「イマジネーション」を糞と負債へと変質させる。世界には、動揺する定めにある……あるいは崩壊する定めにあるような銀行によって、美の度合いを高めるようなことがあるのだろうか？　しかし、どうやって？　「アート・サボタージュ」は、大概の場合は政治からは距離を置くべきである（退屈すぎるので）——しかし、銀行とは距離を置くべきではない。

ピケをはるのではなく——ぶち壊せ。抗議するのではなく——その価値を損なえ。醜悪なもの、貧弱なデザイン、愚かな浪費を強いられたならば、ラッダイトとなり、靴を工場に投げ込んで報復せよ。ただ恩恵を待ち焦がれる心情の名の下に、「帝国」の象徴を粉砕せよ。

アサッシン派
The Assassins

砂漠の光輝を横断し、草木も生えず褐色や紫、灰褐色や焦げ茶に彩られた多彩色《ポリクローム》な丘陵地帯にわけ入ると、旅行者たちは、乾燥した蒼き渓谷の頂から人工的なオアシスを、内側に庭園を隠し持ったサラセン様式の防塞堅固な城を見ることになる。

「山の老人」ことハッサン＝イ・サバーの客人として、彼らは岩を刻んだ階段を城へと向かう。ここには「復活の日」は既に訪れ、既に去りぬ――城の内部、世俗的な「時間」の外側で生きる者たち、彼らがその隔室で握りしめるものは短剣と毒薬である。

銃眼や細い窓のついた塔の背後では、学者とイスマーイール派の決死隊員《フェダーイー》たちが、幅狭く継目もない修行者の独房の中で夜を徹している。朝日の束の中に浮かぶ星座表、天体観測儀、蒸留器、乾留器、開かれたまま積み重ねられた書物――抜き身の偃月刀《えんげつとう》。

〈自分自身の存在の指導者《イマーム》〉の領域へと踏み込むそれらの各人は、逆さまの黙示のサルタンに、法の廃止と背教の君主となる。帆立貝の燭台で照らされ、タペストリー織りのアラベスクが掛かった中央の部屋で、彼らはクッションに横たわり、アヘンと竜涎香の香りをつけたハッシッシを長いパイプで喫んでいる。

彼らにとっては、存在のヒエラルヒーは圧し固められ、現実の微少な斑点となってしまっている――彼らにとっては、「法」の鎖は既に断ち切られているのだ――彼らは禁酒を終える。彼らにとって、すべての事物の外部とはすなわちその内部であり、その真実の外見は命令を通じて輝くものである。しかしその庭園の門は、テロリズム、鏡、暗殺の噂、トロンプ・ルイユ、そして伝説によってカモフラージュされているのだ。

ザクロ、桑の実、柿、糸杉のエロティックな憂欝、羊皮紙のような桃色のシラズの薔薇、メッカ産のアロエと安息香の火鉢、オスマン・チューリップの硬い茎、本物の芝生の上に架空の庭のように広げられた絨毯――カリグラムのモザイクで飾られたパビリオン――柳の木、クレソンの繁った小川――底に幾何学模様に水晶を散りばめた噴水――水浴するオダリスクの、木の葉飾りの中で隠れん坊するほろ酔いで不機嫌な酌人の、形而上学的スキャンダル――「水、緑の枝葉、美しい顔《かんばせ》」。

夜分、ターバンを戴く洗練された狼のごときハッサン＝イ・サバーは、庭園上部の手摺の上に大の字に横たわり、心を備えぬ冷たい大気の中の異教の星座を操りつつ、天空をねめつける。

まことにこの寓話においては、向上心に燃える門弟たちが城壁から暗闇へと身を投ずるように命じられることだろう——しかし、彼らのうちのある者が、魔術師のように飛翔することを習得するであろうこともまた、真実なのである。

アラムート〔アサッシン派の根城であった岩山の名〕の象徴が精神そのものとなり——それはもはや歴史にとっては起こり得ないものだが、意識の内に埋め込まれた、あるいは刷り込まれた〈曼陀羅〉または魔法陣なのだ。その「老人」は、すべての錠前、今は忘れ去られたイスラム信者／忍者のテクニックを備えた衛兵をものともせず、幽霊のように王の天幕や神学者の寝室の中を通り過ぎると、悪夢を、枕の上の錐刀を、効き目のある賄賂《わいろ》をその背後に遺して行くのである。

彼のプロパガンダの芳香は、存在論的アナーキズムの犯罪的な夢へと染み渡り、我々の強迫観念の紋章学は、アサッシン派の輝ける黒色のアウトローの旗を掲揚する……それらはすべて「想像上のエジプト」の王位の継承者たちであり、未だイメージされたことのない自由によって消費されるオカルト的な空間／光の連続体なのである。

花火
Pyrotechnics

中国人により発明され、しかし決して戦争のために発展したものでないもの——「詩的テロリズム」の素晴らしい一つの例——殺すためよりも、むしろ美学的ショックを引き起こすために用いられた武器——中国人は戦争を憎悪しており、軍隊が召集されると嘆き悲しむのが常であった——邪悪な悪魔を祓い、子どもたちを喜ばせ、大気を勇壮で危険な香りのする煙霧で満たすためにはさらに便利なものである、火薬。

C級品の関東州産「爆竹」、ロケット花火、蝶、M-80機関銃、ヒマワリ、「春の森」——革命の空模様——ヘイマーケットの黒い爆弾［ヘイマーケットの暴動に関しては、七〇ページ参照］のジュージュー音をたてる導火線で、あなたのタバコに火をつけろ——ラミアとスキュービ［前者はギリシャ・ローマ神話に登場する半人半蛇の吸血魔女、後者は睡眠中の男と交わる女の妖怪］、鬱陶しい霊魂、警察の幽霊で充ち溢れた大気を想像せよ。

くすぶる安マリファナや台所用マッチを持った——夏の火薬の陰謀のシャーマンであり、使者である、どこかの小僧を呼びつけろ——萎びた星と膨れた星、砒素とアンチモン、ナトリウムと塩化水銀、マグネシウムの電撃的集中攻撃と灰汁の強烈なピクリン酸塩とで、重苦しい夜を粉砕せよ。

拍車の火花（油煙と硝石）、火器点火装置、そして鉄のやすり屑——あなたの地方銀行あるいは醜悪な教会を、ローマ花火と紫金色の流星花火で、即座に、しかし匿名で攻撃せよ（ことによればピックアップ・トラックの後部から発射してもよい）。

保険会社または学校の屋上に、格子状の槍のような仕掛け花火を組み上げろ——シュウ酸化塩イエローの背景と対比をなす、バリウム・グリーンのとぐろを巻いたクンダリニー［ヨガの用語で、脊柱の基部にとぐろを巻いているとされる生命力］の蛇、あるいは「カオスの竜」である——「俺を踏むんじゃない！」——あるいは、バプテスト派の老人ホームで精液の火花を使い果たしてしまう、交尾の最中の怪物たちである。

雲の彫刻、煙の彫刻そして旗＝「エア・アート」。「アースワーク」。噴水＝「ウォーター・アート」。そして「花火」。ロックフェラーの助成金や警察の許可をとって、文化愛好者のオーディエンスのために演じたりしてはならない。繊細で扇動的な精神の爆弾、気取った郊外の夜に燃え上がる恐ろしい曼陀羅、レーザーで照らされた〈フランス花火〉のオルゴン・ブルー［オルゴンとは、ヴィルヘルム・ライヒが想定した宇宙的生命力］のヴァジュラ光線［ヒンドゥー教の主神インドラの武器］によって爆破される、情緒の疫病というエイリアンの緑色入道雲なのである。

ハッシッシと放射性炭素の臭いをまき散らして爆発する彗星――沼沢の死人喰いと、公立公園に取り憑いた鬼火――ブルジョアの建築物にゆらゆらとまとわりつく偽の聖エルモの火――議会のフロアに落ちかかるオクラの蔓――高名なモラル改革者へのサラマンダーの四元素の精霊たちの攻撃。

ＳＰレコード、牛乳に入れる砂糖、ストロンチウム、ピッチ、ゴム質の水、中国花火の束が燃えている――束の間、大気はオゾン臭を際だたせ――鼻を衝く、竜の／不死鳥の煙でできた、漂うオパール色の雲。「帝国」が崩壊するまさにその瞬間、その王女たちと官吏は彼らの地獄のようながらくたへと身を隠すのであるが、それは、彼らが退却する時にその大急ぎの尻を焼く、小妖精の形をした火炎放射器から立ち昇る硫黄の羽根飾りなのだ。アサッシン派の子ども、炎のプシュケーは、ある短いシリウスの輝く暑い夜に統治を行うのである。

カオスの神話
Chaos Myths

眼に見えないカオス（ポ・テ・キテア）*
なにものも備えず、なにごとも起こらぬ、
まったくの闇としてのカオス
触れることができず、触れてはならないもの

——マオリ族の詠唱
［*po-te-kitea を逐語訳すると「なにものも見られない夜」］

カオスは空の山の頂にとまる。つまりそれは、黄色い袋あるいは赤い火の玉にも似た巨大な鳥であり、六本の脚と四枚の羽根を備えている——顔を持たないが、踊り、そして歌う。あるいは、カオスは黒い長毛の犬であり、見ることも話すこともできず、五臓を欠いている。底知れぬ「深淵」であるカオスがまず最初に現れ、次に「地球／ガイア」が、それから「欲

望／エロス」が出現する。この三者の後に、二つの組合せが続く――エレボスと年老いた「夜」、そして「エーテル」と「昼光」である。

一　そのとき無もなかりき、有もなかりき。空界もなかりき、その上の天もなかりき。何者か発動せし、いずこに、誰の庇護の下に。深くして測るべからざる水は存在せりや。

二　そのとき、死もなかりき、不死もなかりき。夜と昼との標識もなかりき。かの唯一物は、自力により風なく呼吸せり。これよりほかに何ものも存在せざりき。

三　太初において、暗黒は暗黒に蔽われたりき。この一切は標識なき水波なりき。空虚に蔽われ発現しつつあるもの、かの唯一物は、熱の力より出生せり。

四　最初に意欲はかの唯一物に現ぜり。こは意の第一の種子なりき。詩人らは熟慮して心に求め、有の親縁を無に発見せり。

五　彼らの縄尺は横に張られたり。下方はありしや、上方はありしや。射精者ありき、能力ありき。自存力は下に、許容力は上に。

六　誰か正しく知る者ぞ、誰かここに宣言しうる者ぞ。この創造はいずこより生じ、いずこより。神々はこの創造より後なり。しからば誰がいずこより起こりしかを知る者ぞ。

七　この創造はいずこより起こりしや。そは実行せられたりや、あるいうはまたしからざりしや、――最高天にありて監視する者のみ実にこれを知る。あるいは彼もまた知らず。

――リグ・ベーダ〔辻直四郎訳『リグ・ヴェーダ讃歌』（10.129）、一九七〇年岩波書店〕

「カオスの大海」であるティアマト〔バビロニア神話の女神、竜の姿をした原初の海の化身〕は、子宮から「沈泥」と「粘着物」を、「地平線と水平線」を、「天空」を、そして水のような「知恵」とをゆっくり滴らせる。これらの子孫たちは成長すると、やかましく傲慢となる――ティアマトは、彼らの絶滅を思いやる。

しかし、バビロンの戦争の神マルドゥックが、「年老いた魔女」と彼女の「カオスの怪物たち」、地下の神々のトーテム――「地虫」「女食人鬼」、「巨大な獅子」、「気違い犬」、「蠍男」、「大嵐」――神のような威光をまとった竜たち――に対する反乱を起こす――そしてティアマト自身は巨大な毒海蛇である。

マルドゥックは、ティアマトが子どもたちに父親に対する謀反を起こさせたとして告発する――彼女は、「霧」と「雲」、つまり無秩序の原則を愛するのだ。マルドゥックは、最初の統治者、政府を発明する者となるだろう。その闘いの最中、マルドゥックはティアマトを殺し、彼女の死体から物質的宇宙を整える。彼は「バビロン帝国」の幕を開ける――そしてティアマトの近親相姦によって生じた子どもの、さらしものにされた身体と血塗れの腸から、マルドゥックは諸神の安楽に永遠に奉仕するためのものとして人間を創造する——そして、彼らの指導者と、聖別された王たちを。

父なるゼウスとオリンピアの神々は、母なるガイアとタイタン族に対して闘いを挑むが、タイタン族とはカオスのパルチザンであり、狩猟採取、目的のない放浪、両性具有といった旧来の風習であり、野獣の気ままさなのである。

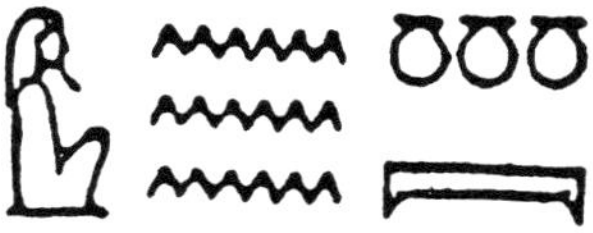

アモン＝ラー（神）は、自慰によりその他すべての神々を創造しながら、ヌーヌー〔大海の神〕の原初的な「カオスの大海」の中に独り座している――しかしカオスは、ファラオが無事に統治するために（その栄光の状態、その影と魔法とともに）ラーが破壊せねばならない竜の邪神アポーフィスとしても出現する――「国家」の、そして宇宙的な「秩序」の敵を呪うために、「帝国」の寺院で日々儀式的に再創造される勝利である。

カオスは中国の「混沌」、「中心の皇帝」である。ある日、南海の帝儵（Shu）と北海の帝忽（Hu）〈Shu hu〉＝稲妻）とが「混沌」のもとを訪れたが、混沌は彼らを手厚くもてなすのが常だった。その厚意に報いようと彼らは言った。「すべての存在には、見るため、聞くため、食べるため、排泄するため等の七つの孔がある――しかし、この貧しく老いた「混沌」は何も持ってはいない！では、いくつか彼に穴を開けてやろうではないか！」。そして、彼らはそうした――一日に一つの孔――七日目に至り、カオスは死んだ。

しかし……カオスは巨大な鶏卵でもある。その内部には盤古〔中国古代神話において世界を形造ったとされている最初の天子〕が生まれ、一万八千年のあいだ成長を続ける――最後にその卵が割れて、天と地へと弾けたものが陽と陰である。今や、盤古は成長して宇宙を支える円柱となった――さもなくば彼は森羅万象と〈なる〉（息→風、両目→太陽と月、血液と体液→河と海、髪と体毛→星と惑星、精液→真珠、骨髄→硬玉、彼に取り付いた蚤→人間、等々）。

でなければ、彼は半人半獣の帝鴻となる。それでなければ彼は老子、すなわちタオの予言者となる。事実、貧しく老いた「混沌」はタオそれ自体なのだ。

「自然の音楽は事象の外側には存在しない。多様な開口部、管、溝、そしてすべての生きる存在が共同して自然を造り上げている。「わたし」というものは事象を生み出さずまた事象は「わたし」というものを生み出さず、「わたし」というものはそれ自体で存在するものなのだ。事象とは自然発生的なものであり、他の何物かによって引き起こされるものではない。すべては自然であり、なぜそうなのかを知らない。一万の事象は一万の異なった状態なのであり、全てはあたかもそれらが彼らを動かした「真実の主」であるかのように動く——しかし、もしわたしたちがこの「主」の証拠を捜し求めても、何も見つけることはできない。」（郭象）〔この部分英語訳からの重訳〕

すべての実現された意識は一人の「皇帝」であり、その唯一の統治形態は、自然の自発性を、つまりタオを妨げることを何もなさないことである。「賢者」はカオスそれ自身ではなく、むしろカオスの高貴な子どもなのである——盤古の一本の体毛、ティアマトの怪物じみた子どもの一片の肉なのだ。「天と地は」と荘子は語る。「わたしと同じ時に生まれたものであり、そして万物はわたしと一体なのである」と。〔同

存在論的アナーキズムは、タオイストのまったくの静観主義とだけは相入れない傾向にある。我々の世界では、カオスはより若い神々、モラリスト、男性優越主義者、銀行屋のような司祭、

農奴に相応しい領主たちによって転覆され続けてきた。謀反が不可能だと判明したならば、その時には少なくとも、一種のアングラの精神的な聖戦《ジハード》が開始されることだろう。アナーキストの黒い竜の戦旗に、ティアマトに、「混沌」の後に続こうではないか。

カオスは決して滅びてはいない。

ポルノグラフィー
Pornography

ペルシアでわたしは、詩歌は音楽と組み合わされ、詠唱されたり歌われねばならないことを知った——ただ一つの理由から——なぜなら、それは〈効く〉からである。

イメージと旋律の適切な組合せは、受け手を〈ハル〉〈情感的／美学的ムードとハイパーな意識のトランス状態とのあいだにある何か〉へと到らしめ、突然号泣させたり、発作的に踊らせたりする——アートへの重要な肉体的反応である。私たちにとっての詩歌と肉体とのあいだの連関は、古代ケルトの吟遊詩人の時代と共に滅び去ってしまった——私たちはデカルト的な麻痺性のガスの影響のもとで、詩を読んでいるのだ。

北インドでは、非音楽的な詩の朗読でさえ叫喚と身振りとを引き起こし、素晴らしい対句はすべて、ルピー貨を放り投げる優雅な手振りとともに、「ワッ！　ワッ！」という声で賞賛される——それに対して我々は、広口瓶の中のＳＦ的な脳であるかのように詩歌を傾聴しているのだ——最良の場合でも、見当違いのクスクス笑いあるいはしかめ面、微かな猿のような苦笑だけである——それ以外の身体は、どこか他の惑星上にある。

東方では、詩人たちは時に投獄される——それは一種の敬意であって、なぜならそのことは、その著者が少なくとも窃盗や強姦や革命と同じくらいリアルな何事かを成し遂げたことを意味するからだ。この世界では詩人は何を出版してもかまわない——それは事実上一種の刑罰であり、壁を、反響を、手で触れることのできる存在を備えない牢獄である——出版物の、あるいは抽象的思考の影の領域——危険を、あるいはエロスを備えぬ世界なのだ。

ゆえに詩歌は再び死ぬのである——そして、例え死体から作られたミイラが癒やしの特質のいくつかを備えているとしても、自動的な死からの復活はそれらには含まれていないのである。

仮に、統治者たちが詩を犯罪と見なすことを拒むとしても、誰かが詩歌の機能に奉仕するという罪を犯し、テロリズムへの共鳴を備えるテキストに取り組まなければならない。どのような犠牲を払ったとしても、詩歌を身体と再結合するのだ。それは、身体に対する犯罪ではなく、有害で窒息性の「諸思想」（そして事象における諸思想）に対する犯罪なのである。愚かな自由思想などではなく、あっぱれな犯罪、美学的な犯罪、そして愛のための犯罪なのである。

英国においては、ポルノグラフィックな書籍のあるものは今でも禁じられている。ポルノグラフィーは、読者に優れた肉体的効果を及ぼす。プロパガンダのように、それは時には人生を変えることもあるが、なぜならそれが真実の欲望を隠してはいないからなのだ。

我々の文化は、そのポルノの大部分を身体嫌悪から生み出している——しかし、エロティック・アートは本質的に、存在／意識／至福《ブリス》を向上させるよりよい運搬手段を作り出すものである——ある種の東洋の作品におけるように。「西洋の」タントラ的ポルノの中は、死体を活気づける助けになるかも知れないし、犯罪の神秘的な美しさでそれを輝かせるかも知れないものもあるが。

アメリカには言論の自由が存在するが、それは全ての言葉が等しく気が抜けていると思われているからだ。〈イメージ〉だけが重要なのである——検閲官は、人殺しやバラバラ事件の現場写真を好みはしても、自慰している子どもを目にすると恐怖のあまり後ずさりしてしまう——明らかに彼らは、彼らの実存主義者的な正当性、「帝国」とその非常に微妙な身振りへの彼らの献身に対する侵害として、これを経験しているのである。

疑いもなく、最も詩的なポルノであっても、（中国のカオスの鳥のような）顔のない死体を甦らせ、踊ったり唱ったりさせたりすることはないだろう——しかし……、古い城の廃虚に、あるいはトーテムの小屋やジャンクを寄せ集めて造った巣窟に暮らす、逃亡した子どもたちの架空の島を隠し撮りした三分間のショート・フィルムのための台本を想像してみたまえ——アニメーション、特殊効果、コンピュータ・グラフィックスやカラーのビデオテープがもつれあった——ファストフードのCMのように短く編集された映画の台本を……

……だが、奇妙で、裸で、羽毛そして骨、水晶で縫われたテント、黒犬、鳩の血——ちらっと見える、シーツの中でもつれあった琥珀色の素敵な脚——皮膚の柔らかな襞に接吻している星を散りばめた仮面の中の顔——両性具有の海賊、太腿のように白い花の上で微睡むコロンビーナたちの疲れはてた顔——卑劣で陽気な安っぽいジョーク、こぼれた牛乳をピチャピチャなめるペットのトカゲ——全裸のブレイクダンス——ゴムのアヒルと桃色のブタを浮かべたビクトリア朝風の浴槽——ガンジャ［マリファナの別名］に酔ったアリス……

……ガムランとシンセサイザー、サックスとドラムのために編曲された無調音階的でパンクなレゲエ——優美な子どもたちの合唱団により唱われるエレクトリック・ブギの歌詞——存在論的アナーキストの歌詞、ハーフィズ［コーランを暗記する者］とパンチョ・ヴィヤの、李白とバクーニンの、カビールとツァーラのあいだの雑種——それを、「カオス——ザ・ロック・ビデオ」と呼べ！

いや……恐らく、単なる夢なのだろう。制作するには高くつきすぎるし、それに、誰がそれを見るのか？　それがたぶらかさねばならないのは、断じてガキ共ではないのだから。海賊TVは無駄な夢だし、ロックは単なるもう一つの商品にしかすぎない——だとしたら、洒落た総合芸術などは忘れることだ。扇動的で猥褻な文芸欄を、運動場でまき散らせ——それはポルノによるプロパガンダであり、束縛から解き放たれた「欲望」へ向けられた、気違いじみた地下出版物なのである。

犯罪
Crime

どのような「法」の下であろうとも、正義を手に入れることはできない——自然発生的な本性と調和した行為、正義である行為は、ドグマによって定義され得ないのである。これらの宣伝ビラの中で提唱されている諸犯罪は、自己や他者に対してではなく、ただ、有害な「王位」と「支配」の構造へと向かう「諸思想」の皮肉な具体化に対して犯されねばならないものである。

それはつまり、本性あるいはヒューマニティに対する犯罪ではなく、法律に基づいた命令による犯罪なのだ。遅かれ早かれ、自己／本性を暴露して白日の下にさらけ出すことは、その人を略奪者と化すものである——それは、もう一つの世界へと踏み込んだ後でこの世界へと立ち戻り、あなたが反逆者、異教徒、国外追放者であると宣告されてしまっていることを知るようなものなのだ。

「法」は、ある存在様式にあなたがつまずくのを待ち受けているのだが、それは連邦食品医薬局（FDA）推奨の紫色のスタンプが押された標準的な死肉とは異なった、亡霊のごときものである――そして、あなたが本性と調和した行為を始めるやいなや、「法」はあなたを絞首刑に処し、息の根を止めるのだ――だから、幸福でリベラルな中流階級の殉教者を演じてはならない――あなたが犯罪者であり、その者として振る舞う準備が整っているという事実を受け入れること。

それはパラドックスであるが、カオスを信奉することはエントロピーへと滑り落ちることではなくて、星々のようなエネルギーへと、その瞬間に起こる洗練の思考様式へと浮かび上がることなのだ――それは、サルタンの、ムフティー［イスラム教の法官］の、カーディー［イスラム世界の裁判官］の、歯を剥いて笑う死刑執行人の腐肉のピラミッドとはまったく別物の、自然発生的な有機的秩序なのである。

カオスの後には「エロス」が続く――これが、絶対的な神の空虚に内在する秩序の原則である。愛とは構造であり、システムであり、隷属や麻薬による眠りによって汚されていない唯一のコードである。我々は、その不法で秘密の微小な空間、スパイ行為という隠された庭園において、その精神的な美を保護するために、詐欺師に、ペテン師にならねばならないのだ。

あなたの頭をはっきりさせてくれる誰かの革命を待ちつつ、単に生き延びているようなことがあってはならない。拒食症と過食症という軍隊に兵役登録をしてはならない——あたかも既に自由の身であるかのように振る舞い、賭け率を計算し、道を踏み外すこと、そして「決闘の掟」——「マリファナを喫み」／「鶏を食べ」／「お茶を飲むこと」——を忘れぬこと。すべての人は、それぞれの葡萄の木と無花果の木を持っている（『サークル・セヴン・コーラン』、ノーブル・ドルー・アリ〔モーリッシュ・サイエンス・テンプル・オヴ・アメリカの創始者〕）——であれば、誇りをもってあなたのモール人のパスポートを携えること、十字砲火に捉えられないこと、背後にも注意し続けること——しかし、危険を冒せ、あなたが石灰化してしまう前に踊るのだ。

存在論的アナーキズムの本来の社会的モデルは、ちびっ子ギャングあるいは銀行強盗団である。通貨とは詐欺のようなものである——この冒険は、それなしに遂行可能でなければならない——戦利品と略奪品は、それが芥塵に帰する前に消費されなければならないのだ。今日は「キリストの復活の日」である——ゆえに美のために浪費された通貨は、不老不死の妙薬へと錬金術的に変容されるであろう。わたしの叔父メルヴィンが言っていたように、盗んだ西瓜はことに美味なのである。

世界は既に、心の欲望によって作り直されている——しかし、文明はすべての賃貸物件と大部分の銃器とを所有したままである。我々の凶暴な天使たちは私たちに不法侵害を求めるが、なぜなら彼らは禁域にのみ出現するからだ。「追い剥ぎ」。眼に見えないヨガ、稲妻のような急襲、財宝の享受。

魔術
Sorcery

宇宙は演じたがっている。無味乾燥な精神的強欲から拒否を行い、彼らのヒューマニティを犠牲にして単なる黙想を選び取った者たち——鈍い苦悶から拒否を行った者たち、躊躇い、神となる機会を逸した者たち——諸思想の盲目の仮面へと自らを型にはめ、そして死者の眼から見ることによって、彼ら自身の健全さの終焉の証拠のいくつかを探し求めつつのたうち回る者たちを。

魔術、それはすなわち高められた意識、あるいは通常ではない意識のシステマティックな修練であり、欲された結果を引き起こすための、行為と目的の世界におけるその展開なのだ。

知覚が徐々に幕を開けると、偽りの自己、我々の不協和音的な亡霊は漸進的に消去されてゆく——嫉妬による「黒魔術」や血の復讐は逆効果に終わるが、それは「欲望」が強要され得ないためである。我々の美の知識が〈自然の遊戯〉（ludus naturae）と調和するところで、魔術は始まる。

いや、それはスプーン曲げや占星術ではなく、「金色の黎明」でも見かけ倒しのシャーマニズム、星気が投影されたものや「悪魔のようなミサ」でもない——もしそれが迷信《マンボ・ジャンボ》であるならば、あなたは——説得力のないブラヴァツキー主義者のナンセンスなどではなく——混じりけのないコカイン、銀行業務、政治、社会科学の方を支持することだろう。

魔術は、その周囲に心理的／物理的な空間を作り出すもの、あるいは制約のない表現の空間への幕を開けるものである——日々のありふれた場の、天使のような球体への変容なのだ。これは象徴（それは事象でもある）の操作、そして人々（それは象徴的でもある）の操作を伴っている——すなわち、諸原型はこのプロセスに語彙を供給し、その結果、それらは言葉のように、あたかもリアル／非リアルであるかのごとくに見なされるのである。想像上のヨガなのだ。

魔術師は「単純なリアリスト」である。つまり、世界はリアルなものなのだ——しかしそれゆえ、その効果があまりに具体的であるために、意識もまたリアルでなければならないのである。愚者はワインでさえ味がないと考えるが、魔術師は水を単に眺めただけでも酔うことができる。知覚の質が陶酔の世界を定義するのだ——しかし、〈他者〉を巻き込むためにそれを持続させ、そして拡張するには、ある種の活動が必要とされる——それが魔術である。

魔術は法則を破壊したりはしないが、なぜなら「自然法」などというものは存在せず、ただ〈創造する自然〉（natura naturans）の自発性、すなわちタオのみが存在するからである。魔術はこの流れを束縛しようと企てる諸法を踏みにじる——それゆえ司祭、王、導師、神秘主義者、科学者、そして商店主といった人々は皆、彼らの滑稽な魔術の力を脅かす、彼らの錯覚に基づく網《ウェヴ》の張力の強度を脅かす〈敵〉としての烙印を、魔術師に押すのである。

詩は呪文として振る舞うことができるし、逆もまた真である――しかし、魔術は単なる文学のためのメタファーであることを拒絶する――象徴は私的な直感的真実の把握はもちろん、出来事を引き起こさねばならないと主張するのである。それは批評ではなく、作り直すことなのだ。それは〈存在〉の激動、あるいはその強奪の味方であり、すべての逃げ腰の終末論と形而上学を、すべての疲弊したノスタルジーと耳障りな未来派とをはねつけるのである。

香そして水晶、短剣と剣、魔法使いの杖、法服、ラム酒、葉巻、蝋燭、乾燥された夢のようなハーヴ――インク壷をじっとのぞき込んでいる童貞少年――ワインとガンジャ、肉、ヤントラ［ヒンドゥー教で瞑想時に用いる幾何学図形］、そして身振り――快楽の儀式、フューリ［イスラム世界で極楽に住むとされる黒い瞳の美女］とサキ猿の庭園――魔術師は、それ自身の色で完全に染め上げられた瞬間へと向かってそれらのヘビと梯子とを昇るのであるが、そこでは山は山であり、樹木は樹木なのであって、そこでは身体はすべての時となり、愛しいすべての空間となるのである。

存在論的アナーキズムの戦術は、この秘密の「アート」に根ざしている――存在論的アナーキズムの目的は、それが花開く時に明らかとなる。カオスはその敵に魔法をかけ、それに帰依する者たちに褒美を与える……この不思議で黄変したパンフレット、ペンネームを用いて著され、埃の染み着いたパンフレットが、その全貌を明らかにするのである……恒久の引き裂かれた一秒を、郵便で取り寄せよ。

広告
Advertisement

この小冊子があなたに告げているものは、ありふれたことなどではない。それは壁にピンでとめられるかも知れないが、しかし依然として生きており、のたうちまわっている。それは、あなたがとても若くて容姿端麗でない限りにおいては誘惑しようとは思わない（近影同封のこと）。

ハキム・ベイはいかがわしいチャイニーズ・ホテルに住まっているが、そこでは経営者が新聞を読みながら、あるいは京劇のノイズだらけの放送を観ながら麻薬で陶酔している。天井の扇風機がものぐさなダルウィーシュ［イスラム教神秘主義の修行僧。身体を旋回させるダンスで宗教的陶酔を得ることでも知られる］のように回って――お菓子が本のページに落ち――詩人のカフタン［トルコ風長衣］は着古るされており、そのトルコ葉煙草は絨毯の上に灰をまき散らして――彼の独り言は支離滅裂で、ちょっとばかり不吉のようでもあり――鎧戸が閉ざされた窓の外では、スペイン人街が椰子の木と溶解し、汚れない青い海、熱帯信仰の哲学となる。

あなたは、ボルチモアの東のどこかにあるハイウェイ沿いで、霊的読書（Spritual Reading）と大きく記し、赤地の上にぞんざいな黒い手を描いた幟を掲げたエアストリーム社製の長距離旅行用トレーラーを追い越す。あなたは心のうちに、夢判断の本、数当て賭博の本、ブードゥー教やサンテリア教のパンフレット、薄汚れた古いヌーディストの週刊誌、一山の『ボーイズ・ライフ』、闘鶏についての研究を思い浮かべている……そして、この本『カオス』を。夢の中で語られた言葉、不吉で、束の間で、芳香へと変化するもの、鳥、色、忘れ去られた音楽のようなものを。

この本は、うわべのある種の無神経さ、ほとんどどんよりとしていることによって、自らに距離を置いている。それはその尻尾を振ったり唸ったりもしないが、噛み付いたり家具にさかったりはする。ＩＳＢＮ番号を持たず、あなたを弟子にしたいとも思ってないが、しかし、あなたの子どもたちを誘拐するかも知れない。

この本は、コーヒーあるいはマラリアのように神経質である――それは自身と読者とのあいだに、身代わりと安全な運び屋のネットワークを用意している――しかし、あまりに破廉恥でいて文学的精神に溢れているために、実際には自身を暗号化してしまっている――自らをくゆらせて恍惚となっているのだ。

仮面、自分自身の神話、地名のない地図――誰かの顔を愛撫しようとしているにも関わらず、エジプトの壁画のように硬直したもの——そして、突然自らを、街路に、身体に見い出すもの、光の中に体現されたもの、歩いていて、覚醒していて、ほとんど満足しているもの。

——一九八四年五月一日から六月四日、ニューヨーク・シティにて

存在論的アナーキー協会のコミュニケ集

Communiques of the Association for Ontological Anarchy

第一コミュニケ（一九八六年春）

COMMUNIQUE ♯1 (SPRING 1986)

I．地下鉄の落書きやその他の目的のためのスローガンとモットー

I. Slogans & Mottos for Subway Graffiti & Other Purposes.

ルートレスなコスモポリタニズム

詩的テロリズム

（広告の上に書き殴ったり、ゴムのスタンプで押すためのものとして）
これがおまえの真の欲望なのだ

マルクス主義—シュティルナー主義

怠惰と精神的な美のためのストライキ
幼子たちの足は美しい
法の鎖は既に断ち切られている
タントラ的ポルノグラフィー
ラディカルな貴族主義
ちびっこ都市解放ゲリラたち
仮想のシーア派熱狂者たち
ボロ・ボロ［P．M．が提起したフリーゾーン。"BOLO BOLO", 1984, Autonomedia を参照］

ゲイ・シオニズム
（男性同性愛者のためのソドム）

海賊のユートピア

カオスは決して滅びてはいない

これらのいくつかは、存在論的アナーキー協会（以下ＡＯＡ）の「正真正銘の」スローガンである——他は、公衆の不安と疑念とを惹起するためのものだ——しかし、我々にはどれがどちらであるのか定かではない。スターリン、某氏、ボブ・ブラック、ピール・ハッサン（彼の著作に幸いあれ）、F．ニーチェ、ハンク・パーセル・ジュニア、P．M．、そしてモーリッシュ・テンプル・オヴ・ドラゴンのブラザー・アブ・ジェハード・アル＝サラーに感謝を捧げる。

Ⅱ．「コンセプチュアル・アート」の王国にあって未だに痛ましくも萎びている詩的テロリストのいくつかの思想

II. Some Poetic-Terrorist Ideas Still Sadly Languishing in the Realm of "Conceptual Art"

一、混雑する時間帯のシティバンクあるいはケミカル・バンクのコンピューターによる顧客サービスエリアに歩み入り、フロアに排便し、そして立ち去れ。

二、一九八六年のシカゴのメーデーにて、ヘイマーケットの「殉教者」のための「宗教的」行進を組織すること――ＫＫＫ／カソリック・スタイルのフード付黒色ガウンをまとった悔悛者によって捧持される、花輪と安っぽいピカピカするものとリボンの吹き流しで囲まれた、センチメンタルな肖像画の描かれた巨大な幟――香と聖水を持った、めっぽうキャンピーな服装倒錯者の侍祭が、群衆を清める――灰を塗りたくった顔のアナーキストたちが自らを小さな殻竿と鞭とで打ちすえる――泣き悲しむパンクたちによって「共同墓地」へとうやうやしく運ばれてゆく小さく象徴的な棺を、黒いローブに身を包んだ「教皇」が祝福するのだ。このようなスペクタクルは、〈ほとんどすべての人〉の気分を害するに違いない。

三、公共の場にゼロックスでコピーしたチラシを貼り出すこと、裸体でマスターベートしている美しい一二歳の少年の写真を、神の顔とはっきりタイトルをつけて。

四、精妙で洗練された魔法の「祝福」を〈匿名で〉、あなたが例えばその政策、スピリチュアリティ、肉体美、あるいは犯罪での成功等のため崇拝する人々や集団へと郵送すること。下記のセクション五で概説されているものと同様の通常の手続きに従うこと、だが、それにふさわしく、幸運の、祝福あるいは愛情の美学を活用すること。

五、『ニューヨーク・ポスト』やミューザックの会社のような有害な〈機関〉へ、恐ろしい呪いをかけること。これは、マレーシアの魔術師から翻案された技術であって、つまり、その「会社」へ黒いワックスの栓で密閉された瓶入り小包を送付するのである。内容物はと言えば、死んだ昆虫やサソリ、蜥蜴といったようなもの、墓地の泥（アメリカのブードゥー教の用語で言えば「グリーグリー」）に加えてその他の不快な物質を入れたバッグ、鉄の爪とピンとで貫かれた卵、ある紋章が描かれた巻物（一一六ページ参照）である。

（この〈ヤントラ〉あるいは〈ヴェヴェ〉は、黒いジン［イスラム起源の精霊］、自己の暗黒の影を呼び出すものである。その完全な詳細はＡＯＡより入手できる。）添付される通牒には、この魔力は個人にではなく〈機関〉に対して送られたことが説明されている――しかし、その機関自体が〈有害であることを止めない〉のなら、その呪いは（鏡のように）その機関全構内を、不快な運命、否定性の毒気で染め上げ始めることだろう。その呪いを解説し、全米詩歌協会の名の下に著作権を設定した「ニュース・リリース」を準備せよ。そのテキストのコピーを、その機関の従業員すべてと選ばれたメディアへと送付するのだ。手紙が届けられる前夜、その機関の全構内にブラック・ジンの紋章のゼロックス・コピーを糊で貼りつけること、そうすれば、翌朝出勤するすべての従業員が見ることができるだろう。

(再びエイブ・ジハードに、そしてシュリ・アーナマナンダ――ベルベデーレ気候観測塔のモール人城代――に、そして、セントラル・パーク・オートノマス・ゾーンとブルックリン・テンプル・ナンバーワンのその他の同志たちに感謝を捧げる)

第二コミュニケ
カリカク家を記念するボロ&カオスのアシュラム:一つの提案

COMMUNIQUE #2

The Kallikak Memorial Bolo & Chaos Ashram: A Proposal

エアストリーム社の長距離旅行用トレーラーへの強迫観念を育むこと――車輪を備え動かすことのできる精巧なそれらの小型模型への――そしてまた、ニュージャージー州のパイン・バレンズ、砂浜の入り江とタール松の広大な失われた後背地、クランベリーの湿原とゴースト・タウン、一平方マイルあたり一四人程度の人口、羊歯の生えた悪路、棟の折れたキャビン、そして前庭に燃え尽きた牽引車をつけ、取り残されて錆び付いたモービル・ホーム

神話的なカリカク家――田舎の貧しい民の不妊手術を正当化するため、一九二〇年代に優生論者によって研究された松林の中の家族――の土地。カリカク家のある者は、良質な遺伝子のおかげで立派に結婚し、成功し、そして中産階級へと繁栄していった――その他の者はしかし、決して正業に就くことなく、森林へと寄生した――近親相姦、男色、精神的に足りない者が大勢――彼らを虚ろで陰気に見せるために加筆修正された写真――宿無しのインディアン、ごろつきの傭兵、ラム酒の密造者、脱走兵などの筋をひく者たち――ラヴクラフト主義の性的倒錯者たち

カリカク家の者たちが、秘密のカオス主義者、セックスの急進者の先駆、「ゼロワーク」の預言者たちを生み出したのではないか、と考えること。その他のモノトーンの風景（砂漠、海、湿地帯）のように、このバレンズにはエロティックな力が浸透しているように見える――急降下作戦あるいはオルゴンというよりは、むしろいわゆる物憂げな無秩序、造化の薄汚さほとんどそのままであり、あたかもその大地と水とが、性的な肉、膜、海綿状の勃起性組織からなっているかのようだ。我々がそこでスクウォットしたいもの、それは多分、旧式の薪ストーブと屋外トイレを備える放棄された狩猟／釣り用のロッジ――あるいは、ある廃れた「田舎のハイウェイ」沿いの壊れかかった「休暇用キャビン」――あるいは、小川か水泳用の深みのそばの松林の裏手に隠

された、我々がエアストリーム社のトレーラーを二～三台停車することができる植林地でもよい。カリカク家の者たちは、何か良いものに気づいていたのだろうか？　我々は見つけるだろう

どこかで少年たちは、ＥＴが彼らをその家族から救出するために訪れ、その際もしかしたらエイリアン光線が彼らの親を蒸発させてしまうことを夢見ている。結構なことである。暴露された宇宙海賊の誘拐計画――シーア派の狂信的で頭のおかしい詩人であることがばれた「エイリアン」――パイン・バレンスの向こうに目撃された未確認飛行物体――「失踪した少年たちは地球を去るであろう」、いわゆるカオスの予言者たるハキム・ベイは主張する

逃走した少年たち、混乱と無秩序、エクスタシーと怠惰、裸で泳ぐこと、恒久の蜂起としての少年時代――蛙の、蝸牛の、木の葉のコレクション――月明かりの中での放尿――一一歳、一二歳、一三歳――親から、学校から、「福祉」から、ＴＶから、自分自身の歴史の操作を奪い返すには充分に大人である――来たりて我々と共にバレンズで生きよ――我々は自身の贅沢品のため、夏期の錬金術計画の資金調達のため、種無しマリファナの地域ブランドを栽培するだろう――さもなくば、「詩的テロリズム」の遺物と我々の快楽の思い出の他、何一つ生み出さないことであろう

古ぼけた小型《ピック・アップ》トラックに乗っての気ままなドライブ、釣りと採集、コミックを読み、葡萄を食べながら木陰に寝そべること――これが我々の経済である。「法」の鎖から解き放たれたと

きの事象の基本的性質とは、それぞれの分子は一つの蘭であり、それぞれの原子は注意深い意識の集中へと向けられた真珠なのだ――これが我々のカルトである。エアストリーム社のトレーラーはペルシャ風の敷物で覆われ、芝生は満足げな草がぼうぼうで

木の上の小屋は、七月の真夜中の無防備さの中で木製の宇宙船と化し、星々に対して半ば開かれ、快楽主義者の汗で温められたそれは、「松の木」の息遣いによって急襲を受け、そして鎮圧される。

（親愛なる『ボロ・ログ』〔スイスのボロ・ボロ関係の雑誌〕よ。あなたはかつて、実践的かつ実行可能なユートピアを求めていた――それがここにある。ホロコースト以後を描いた単なるファンタジーではなく、木星の衛星上の城塞でもなく――我々が明日、始めることができるかも知れない計画――その計画のすべての個々の局面が、今でも法を犯し、アメリカ社会の絶対的タブーを暴き、その真の枠組みを脅かしていることは別として。お気の毒なことだ。だがこれが我々の真の欲望なのであって、そしてそれを達成するため、我々は、純粋なアートの生活だけではなく、純粋な犯罪、純粋な蜂起の生活をも観想しなければならないのである。アーメン《かくあらせたまえ》。）

（ヤル、ガノ、シラそして諸思想とに捧げられた、プロヴィデンスのシ・ファン・テンプルのグリム・リーパーと、その他のメンバーに感謝を捧げる）

第三コミュニケ
ヘイマーケット問題

COMMUNIQUE #3
Haymarket Issue

「わたしはついでに、大衆的なゴジラ映画の連作に「ナマズ」の伝統の奇妙な再発現が存在していることに言及だけはしておかねばならないが、それは核のカオスが日本で解き放たれた後に起きたのである。事実、映画による大衆的民間伝承であるゴジラの進化における象徴的な細部が、極めて驚くべき点で、アンビヴァレントなカオスの被造物（ある映画は『モスラ』のように宇宙卵／瓢箪／繭という古代のモチーフを直接的に再生させている）との闘争という、伝統的日本と中国の神話的、フォークロア的な主題と近似しているのであって、そしてその闘いは通常、文明的秩序の破綻の後に、子どもたちの特殊かつ間接的な働きかけを通じて制御されるのである。」

——ジラルドー、『初期タオイズムにおける神話と意味：カオス（「混沌」）の主題』

古いモーリッシュ・サイエンス・テンプルの（シカゴとボルティモアの）いくつかで、友人の一人は、（天鵞絨《ビロード》で縁取りされたケースに入った）組み合わされた二丁の六連発銃と〈黒い〉トルコ帽とを戴せた、秘密の祭壇を見たことがあると主張した。恐らく内部社会へのイニシエーションは、新参のモール人に最低でも警官を一人は暗殺することを要求していたのだろう。

ルイス・リング［一八八六年のメーデーに、シカゴのヘイマーケット広場で起きた爆弾事件の八人の犯人の一人］はどうだろう？　彼は「存在論的アナーキズム」の先駆者だったのだろうか？「わたしはお前を軽蔑する」――このような感傷を賞賛しないではいられない。だが、二二歳にして絞首刑を逃れるために自分をダイナマイトで吹き飛ばした男……それは必ずしも、我々の定められた道程というわけではない。

警察の理念は、切られた首のそれぞれからヒュドラのように百の新しい頭部を生じさせる――そして、それらの頭部すべてが〈生きている警官〉なのだ。その斬首は我々に何ももたらさず、ただ、それが我々を呑み込んでしまうまでに獣の力を強めるだけである。

まず、その理念を殺害せよ――〈我々の内部〉のモニュメントを吹き飛ばすのである――そうすれば恐らく……力のバランスはシフトするだろう。我々の脳内の最後の一人の警官が、最後の充たされない欲望によって撃ち倒された時――恐らく我々の周囲の風景でさえ、変化し始めることであろう……

「詩的テロリズム」は、現実に対する唯一の実践的な蜂起戦術としてこの〈原型のサボタージユ〉を提起する。しかし、すべての警察、アヤトラ〔イスラム教シーア派のムッラーのうち特に秀でた人物の称号〕、銀行家、死刑執行人、司祭等の（あらゆる手段を用いての）廃止を熱望する「シーア派の過激派」として、我々は、ラディカルで行き過ぎの「失敗した企て」でさえ崇拝するという選択肢を留保するものである。

「虚偽の帝国」の鎖から解き放たれた束の間の数日間は、相当な犠牲を払って獲得する価値があるものであろうし、高尚な実現の一瞬は、小頭症的な退屈と労働の一生に勝るものだろう。

しかし、この瞬間は〈我々のものとならねばならない〉——そして、我々によるその所有は、仮に我々がその高潔さを保つために自殺しなければならないとすれば、酷く汚されてしまう。ゆえに我々は、我々の崇拝を皮肉と混ぜ合わせるのだ——我々が提起するのは殉教ではなく、ダイナマイト男の勇気であり、カオスの怪物の冷静さであり、犯罪的で違法な悦びの達成なのである。

第四コミュニケ
世界の終わり
COMMUNIQUE ♯4
The End of the World

ＡＯＡは、自身が「世界の終わり」に〈飽き飽きしている〉ことを公式に宣言する。その正典は、相互確実破壊（Mutual Assured Distruction＝ＭＡＤ）への恐怖へ、そして我々のスーパーヒーローである政治家たち（唯一、致死的な「緑色のクリプトン光線」［ＴＶの「スーパーマン」を殺すことのできる光線］を操ることができる者たち）へのしおらしい隷属へと我々を萎縮させておくために、一九四五年以来このかた用いられてきているのである……

我々がこの地上の全生命を絶滅させることができる方法を発明したことは、何を意味しているのであろうか？　大したことではないのだ。我々はそれを、我々自身の個人的な死を観想することからの逃避として〈夢に見て〉来たのである。我々は、もはや顧みられない不死のイメージの逆像としての役を果たす、一つの象徴を作り上げたのである。発狂した独裁者のごとくに、我々は〈すべてのもの〉を自分たちと共に「奈落」に落とすことを考え、恍惚となるのだ。

黙示録の非公式な版には、滅亡への、ホロコースト以後の世界における楽園《エデン》への煽情的な渇望が含まれているが、そのような楽園では、生存主義者《サヴァイヴァリスト》たち（あるいは『ヨハネ黙示録』の選ばれし一四四〇〇〇の人々）が、二元論者のヒステリーのお祭り騒ぎ、魅惑的な罪との果てしない最後の対決に耽ることができるのである……

我々はルネ・グェノン［一八八六―一九五一、フランスの神秘主義的思想家］の幽霊を見たことがある。死体のようでいてトルコ帽を頭に戴き（『再生』［一九三二年、原題“The Mummy”］でアーディス・ベイを演じたボリス・カーロフのように）、「文化」と「宇宙」との死のためにうるさくざわついたアブラムシの聖歌を奏でる「単調な産業騒音」の葬列のロック・バンドを先導していたそれは、すなわち感傷的ニヒリストの最も極上のフェティシズムなのであり、「性以降の《ポスト・セクシュアル》」似非知性人のグノーシス派的な自己嫌悪なのである。

これらの侘びしいバラードは、「進歩」と「未来」に関するあらゆる嘘と決まり文句――「コンセンサス」の世界においてはあらゆる拡声器から放射されていて、あらゆる教科書とTVからの誇大妄想的な脳波のように感動的なもの――の単なる逆像なのだろうか？「ヒップな千年至福説信奉者たち」のタナトスは、膿汁のように「消費者と労働者のパラダイス」の偽りの〈健康〉から吹き出すのである。

脳の両方の半球体を用いて歴史を読むことができる者は誰でも、あらゆる瞬間に世界が終わりを迎えていることを知っている——時間の波は、閉じられ化石となった過去のひからびた記憶だけをその背後の岸辺に打ち上げ、通り過ぎる——それは不完全な記憶であり、既に滅ぶべき定めにあり、初老期を迎えているものである。そして、すべての瞬間は世界を生み出してもいる——身体が麻痺したまま成長した哲学者と科学者の揚げ足取りにも関わらず——すべての不可能性が息を吹き返す現在、そこでは、過去への哀惜と未来への予感は、一つの黙示現在主義的（presential）でホログラム的、心理マントラ的な身振りの中で色褪せ、無に帰すのである。「規範的な」過去、あるいは未来における宇宙の熱力学的な死は、我々にとっては昨年のGNPあるいは国家の衰退と同じ程度のわずかな意味しか持ち得ない。すべての「観念的」な過去、未だに到来しない未来のすべては、単に、色鮮やかな現実全体の我々による意識を妨害するだけのものなのだ。

あるいくつかの宗派は、この世界（あるいは「ある」世界）は〈既にいわゆる終焉を迎えた〉と信じている。エホバの証人たちにとっては、それは一九一四年に起こったことである（そうとも皆さん、〈今〉我々は黙示録の時代に生きているのだ）。ある種の東洋の神秘主義者たちにとって、一九六二年の「惑星直列」のあいだに世界は終焉した。フローラのヨアキムは聖霊の「老年期」を主張したが、それは「父」と「子」の時代に取ってかわるものであった。アラムートのハッサン二世は「大いなる復活」を主張したが、それは終末の内在化であり、地上のパラダイスである。瀆神の時代は後期中世のどこかで終わりを迎えた。それ以来、我々は天使の時代を生きてきた——我々の大部分がそれを知らないだけである。

もしくは、より「急進的な一元論者」のスタンスをとるならば次のようになる。すなわち、「時間」などは決して始まらなかったのである。カオスは決して死んだりしなかったのだ。「帝国」は決して創設されはしなかった。我々は、今もまたかつても過去の奴隷、あるいは未来の人質などではないのである。

我々は、「世界の終わり」は〈既成事実〉(fait accompli)であると宣言されるべきだと提起しているのだが、その正確な日付は重要なことではない。一六五〇年代の原始メソジスト教徒たちは、千年王国が〈今〉それぞれの魂に到来すること、そして魂はそれ自体に、それ自身の中心性と神性とに覚醒することを知っていた。「喜べ、同胞よ」というのが彼らの挨拶であった。「すべては我らのものなり!」

わたしは、それ以外のどのような「世界の終わり」にも関与したくはない。一人の少年が通りでわたしに微笑む。黒いカラスがピンクの木蓮にとまり、オルゴン集積機&発射機のように、瞬時にして街中に響く声でカーカー鳴いている……夏が始まる。わたしはあなたの愛人かも知れない……だがわたしは、あなたの千年王国に唾を吐く。

第五コミュニケ
「知性的なS／Mは八〇年代のファシズムである
――アヴァンギャルドは糞を食べるし、それを好む」

COMMUNIQUE ♯5
"Intellectual S/M Is the Fascism of the Eighties—The Avant-garde Eats Shits and Likes It"

同志諸君！

近年、ある報復主義者の陣営からもたらされた「カオス」に関する混乱がAOAを悩ませているが、それは〈論争を忌み嫌う〉我々に、〈権威の座からの《エクス・カテドラ》〉告発に捧げられた総会に携わることをついには強制するという地獄のように不吉なものであり、我々の顔は雄弁術のために赤く燃え、唇からは唾が飛び、首筋の静脈は説教壇の熱気によって膨れ上がるのである。我々はとうとう、何が「存在論的アナーキー」で〈ないか〉を〈一九三〇年代風の書体で〉宣言する、怒りのスローガンを記した翻る長旗にまで身を堕さねばならなくなった。

思い出すのだ、ただ「古典的自然科学」においてのみ、カオスがエントロピー、熱力学的死、あるいは崩壊と関係しているということを。我々の自然科学（「カオス理論」）においては、カオスは自らをタオと同一視するものであり、それはエントロピーとしての陰とエネルギーとしての陽の両者を超越するものであり、〈虚無〉の原則というよりは継続的創造の原則であり、〈潜勢力《ポテンチア》〉という意味で虚空なのであって、枯渇ではないものなのだ（「すべての秩序の総体」としてのカオス）。

この錬金術から、我々はある美学理論を物事の本質に据える。カオス主義者のアートは多分威嚇的に振る舞うであろうし、グランギニョールを装うだろう、しかしそれは、堕落した否定性、タナトス、〈シャーデンフロイデ〉（他者の不幸を喜ぶこと）、ナチについて記憶しておくべきことや連続殺人に身を浸すことなど、自身に決して許すことはできないのだ。「存在論的アナーキー」はスナッフ・フィルムを収集したりしないし、フランス哲学をペラペラ口にするＳ／Ｍの女主人《ドミナ》たちには退屈さにうんざりし、涙を浮かべるのである。（「すべては望みなし、そしてわたしはあなたより前にそれを知っていたのだ、糞ったれ。ニャー！」）

ヴィルヘルム・ライヒは半ば狂気へと駆り立てられ、「情緒の疫病」のスパイによって殺されたのだが、恐らく彼の著作の半分は（ＵＦＯの陰謀、同性愛者嫌悪《ホモフォビア》、そして彼のオルガスム理論さえも）純粋なパラノイアに由来するものなのであろう、しかし一点において我々は心から共感する——それは〈性政治《セックスポル》〉であり、すなわち性的抑圧が死の強迫観念を発生させ、それが〈悪政〉へと到る、というものである。非常に多くのアヴァンギャルド・アートが「死のオルゴン光線」（DOR）で飽和してしまっている。「存在論的アナーキー」は、今は洒落ていて、ヒップで、新しく、ファッショナブルなものである大脳的なS／Mの毒気を消散させる、美学的な高飛球（オルゴン光線銃）を構築することをもくろむものである。自らを不完全なものとする「パフォーマンス」アーティストたちは、我々を陳腐で愚かだと攻撃する——彼らのアートは、すべての人を〈より不幸に〉してしまうのに。どんな種類の安っぽい見て見ぬ振りの糞ったれが……どんな種類のゴキブリ程度の脳しか備えないアートのおべっか使いが、この黙示録のシチューを煮たのだろう？

もちろんアヴァンギャルドは「洗練されている《スマート》」ように見える——マリネッティと未来派はそうだったし、パウンドとチェリーニもそうであった。それらの知性と比較すれば、我々は本当に愚かであること、牧歌趣味のニューエイジが恍惚となる無意味さを選びたい——我々にとっては、〈死に到る変わり者〉であるよりも、間抜けでいたほうがましなのである。しかし幸いにも我々は、自身の悟りの一風変わったブランドを獲得するために、自らの脳を掘りかえす必要はない。すべての能力、すべての意識は、自身の所有物として我々に属しているのだ——心も頭も、知性も精神も、身体も魂もである。我々のそれは、不完全化のアートではなく、行き過ぎた行為の、過剰の、仰天のアートなのである。

無意味な顰め っ面をした情報屋たちは、現代美学の「暗殺隊」である——そして我々は「殺害された者たち」である。オカルトの第三帝国の骨董品である彼らの架空の舞踏室や、幼児殺害は、「スペクタクル」を操る者を引きつける——死はTVで観ると、命よりも良いように見える——そして我々カオス主義者、蜂起の歓びを説くものは、静寂へと圧しやられてしまっているのだ。

言うまでもなく、我々は、「教会」と「国家」によるすべての検閲を拒絶する——しかし「革命の後には」、我々はすべての「暗殺隊」のスナッフ・アートのがらくたを焼き、彼らを線路上で走らせて町から追放することに対して、一個人としてまた私的にその責任を喜んで負うであろう。(批評はアナーキストのコンテクストにおいては〈直接行動〉となる。)〈わたしの〉空間には、イエス様の、彼の『蝿の王』の、そしてチャールズ・マンソンと彼の文学趣味の崇拝者のための部屋はない。わたしは、宇宙警察など欲しくない——宇宙の斧殺人者も、TVのチェーンソーの大虐殺も、死体愛好に関する神経過敏なポスト構造主義的小説も、欲しくはないのである。

偶然にしてAOAは、「国家」の窒息するようなメカニズムと、その影のような回路構成を破壊しようとは決して望んではいない——しかし我々は、「ロワー・イースト・サイド」辺りの「死肉喰らい」やその他の「アート」の屑といったDOR病のつまらない表現に対して、何かをなし得る立場に自分たちを偶然に見いだす〈かも知れない〉のだ。我々は、「より崇高な大義」のために〈威嚇的な〉素材を用いるアーティストを支援する——いかにショッキングで違法なものであろうと、あらゆる種類の／性の素材を用いる者たちを——自らの怒りと嫌悪感、真実の欲望とを、自己実現と美、そして冒険へとよろめきながら向かうために〈用いる〉者たちを。「社会的ニヒリズム」、その通り——しかしそれは、グノーシス主義的な自己嫌悪の廃れたニヒリズムではない。たとえそれが暴力的でイライラさせるようなものであったとしても、退化した第三の眼を備えるものは誰であれ、革命的な妊娠中絶反対《プロ・ライフ》［生命増殖的］アートと、反動的な妊娠中絶賛成《デス・ライフ》［死産的］アートのあいだの差異を〈見る〉ことができる。DORは悪臭を放ち、そしてカオス主義者の鼻はそれを嗅ぎ出すことができる——その他のより陰鬱な香気によって埋められ、あるいは隠されていたとしても、それが精神的あるいは性的な喜びの芳香を知ることと同じである。「急進的右派」であっても、その肉体と意識の嫌悪すべてのために、時には知覚と意識の高揚の瞬間に到達することがある——しかし「暗殺隊」は、ファッショナブルな革命の抽象概念へのそのすべての陳腐なリップサービスのために、FBI、FDA、あるいは天下りの「洗礼者」と同じ程度に本物の自由意志論者的エネルギーぐらいしか、我々に提供することができないのだ。

　我々は、最も高くつく商品を死と不完全化のイメージで宣伝する社会に生きているが、それはそのイメージを、アルファ波を発生する発癌性物質的なリアリティを歪める装置を通じて、何百万人もの爬虫類的な小脳に直接的に照射しているのだ——一方で、生命のある種のイメージ（例えば子どもの自慰等、我々の好むところのもの）は迫害され、途方もなく残忍に罰せられる。いわゆる「アート・サディスト」であることはまったく度胸を必要とするようなことではないが、なぜなら猥褻な死が我々の「コンセンサスのパラダイム」の美学的中枢に存在しているからだ。粉飾が好きで「警察と犠牲者」という劇を演じるのを好む「レフティスト」、残虐な写真を前に手淫する人たち、そしてスプラッター・アートやもったいぶった絶望感、かっこいい残虐性や〈他の人々の苦痛〉について〈考えたり〉知的に分析したりするのを好む人たち――彼らのような「アーティストたち」は、権力を持たない警官（多くの「革命家」に対しての完璧な定義でもある）以外の何者でもない。我々はこれらの美学的ファシストに投げつける黒い爆弾を持っている――それは精液と爆竹、嗄れ声の駄馬と海賊行為、奇妙なシーア派の異端者、そして泡立つパラダイスの泉、複雑なリズム、生命の脈動、すべての形なく奇矯なものをまき散らす。

立ち上がれ！　呼吸しろ！　世界の息遣いを肌で感じろ！　その日を摑め！　呼吸しろ！　呼吸しろ！

（J．マンダーの『テレビの廃止のための四つの議論』［鈴木みどり訳『テレビ・危険なメディア』一九八五年、時事通信社］、アダム・イクジット、ウィリアムズバーグの『ムーリッシュ・コスモポリタン』に感謝を捧げる）

第六コミュニケ
COMMUNIQUE #6

I．黙示録のサロン：「秘密の劇場」
I. Salon Apocalypuse: "Secret Theater"

スターリンが我々の首筋に息を吹きかけてこないあいだに、なぜ〈ある〉アート（方法）を……蜂起に奉仕させてはならないのだろう？

もし、それが「不可能なこと」であっても、気にかけてはならない。「不可能なこと」以外に、我々は何を達成することを望むと言うのだ？　我々が自身の真の欲望を明らかにするためには、〈他の誰か〉を待たねばならないとでも言うのか？

もし、アートが滅びた、あるいはオーディエンスが消え失せたとすれば、我々は、二つの恐るべき重荷から解放された我々自身を見出すことになる。もしかしたら、今やすべての人はある種のアーティストなのかも知れない――そしてもしかすると、すべてのオーディエンスはその無垢性を、自分が経験したアートと〈なる〉その能力を、回復しているのかも知れないのである。

もし、我々が自らの内部に持ち歩いている美術館から逃れることができて、そしてもし、自身の頭蓋骨の中のギャラリーのチケットを自らに売りつけることを止められるならば、我々は魔術師の目的を再創造するアートを構想し始めることができるだろう。すなわちそれが、命ある象徴の操縦によるリアリティ構造の変換なのだ（この場合、我々がこのサロンの組織者から「与えられて」きたイメージとは――殺害、戦争、飢饉、そして強欲である）。

我々は今や、テロリズム（アルトーによれば「残酷性」）への共鳴をいくらか備えた美学的な諸行為を構想できるかも知れないのだが、それは、人民よりも抽象概念の解体を、権力よりも平等であることを、仕事よりも娯楽を、恐れよりも喜びを指向するものである。それが「詩的テロリズム」なのだ。

我々のために選ばれたそれらのイメージは、暗黒の潜在力を備えている――しかし、それらすべてのイメージは仮面なのであって、それらの背後には、我々が光と喜びとに変えることができるエネルギーが隠されている。

例えば、〈合気道〉を編み出した人物は侍であったが、彼は反戦論者となり、日本帝国主義のために闘うことを拒んだ。彼は世捨て人となり、山頂の樹下に座して生を過ごした。

ある日、以前の軍隊の士官仲間が彼を訪れ、裏切り者、臆病者等と彼を非難した。隠遁者は何も語らず、そして座り続けた――士官は怒りに駆られ、刀を抜き、切りつけた。無意識のうちに丸腰の達人は士官の武器を奪い、それから刀を士官に返した。何度も何度も士官は、彼のレパートリーにあるすべての巧緻な〈型〉を用い、殺そうと試みた――しかし、世捨て人は無の心のままに、常に士官を武装解除する術を編み出したのであった。

その士官はもちろん彼の第一の弟子となった。後には、彼らは〈弾丸を避ける〉術を習得したのである。

我々は、このパフォーマンスの趣向を把握するために、メタドラマの形をいくつか構想すべきなのかも知れないのだが、それは、その趣向がまったくの新しいアート、闘争のまったくの非暴力的な方法を提起しているからである――殺害を伴わない戦争、死に勝る「生命の剣」なのだ。

爆弾魔のように匿名で、しかし、暴力よりも無償の寛容の行為を指向した――黙示録よりも千年王国を指向した――あるいはむしろ、実現と解放に奉仕する美学的ショックの〈今この瞬間〉を指向した、アーティストの陰謀団。

アートは華麗な嘘をつき、それは実現するのである。

アーティストとオーディエンスとがどちらも完全に消滅してしまっている秘密の劇場を創造することができるのだろうか？――ただ、生命とアートとが同じものとなっている、つまり贈り物の純粋な贈与となっている別の局面に、もう一度立ち現れるために？

（註：「黙示録のサロン」は一九八六年の六月、シャロン・ギャノンにより組織された。）

Ⅱ．殺害――戦争――飢饉――強欲

II. Murder—War—Famine—Greed

マニ教徒とカタリ派は、身体は霊化できると信じていた――あるいはむしろ、身体はただ純粋な精神を汚損するものであり、それゆえ完全に排除されねばならないと信じていた。グノーシス派の〈完全主義者たち〉（急進的二元論者たち）は、身体を逃れ、そして純粋な光の満ちた状態へと回帰するために、死に至るまで飢えた。

それは、肉体の悪魔――殺害、戦争、飢饉、強欲――を回避するためには、パラドックス的にただ一つの道だけが残されているということであって、すなわちそれが自己の身体の殺害、肉体への戦争、死に至る飢饉、救済のための強欲なのである。

急進的な一元論者たち（イスマーイール派、原始メソジスト教徒、信仰至上主義者）はしかし、身体と精神とは一つであり、黒い石に浸透するものと同じ精神がその光を肉体にしみこませると考えているのだが、それはすべてのものが生きており、すべてのものが生命であるということである。「事象とは、自然発生的なものである……すべてのものは自然である……あたかもそれらが、それらを動かす真の君主であるかのごとくに、すべては動いている――だがしかし、我々がこの君主の存在の証明を捜し求めるならば、何物も見い出しはしないだろう」。(荘子)〔この部分英訳からの重訳〕

パラドックス的なことに、この一元論者の道程も、ある種の「殺害、戦争、飢饉、強欲」なしに辿ることはできない。つまりそれらは、死の生命(食物、反エントロピー)への変容なのである――「虚偽の帝国」に対する戦争なのだ――「魂の断食」あるいは「虚偽」の拒絶、生命でないすべてのものの拒絶――そして生命自体への強欲、欲望の絶対的な力なのである。

さらに言えば、次のようになる。つまり、暗黒の知識(「肉体の知識」)なくしては、どのような光の知識(「グノーシス」)も存在できないのである。この二つの知識は、単にお互いを補完し合うものではなく、むしろ、違ったオクターブで奏される同じ旋律のように〈同一のもの〉なのだ。ヘラクレイトスは、リアリティーは「戦争」の領域の中に存続する、と提唱する。不調和な旋律だけが、ハーモニーを生むことができるのである。(「カオスはすべての秩序の総体である。」)

これらの四つの言葉に、言語の異なった仮面を与えること(復讐の女神たちを「情け深い神々」と呼ぶことは、単なる婉曲語法ではなく、〈さらなる意味〉を明らかにする方法である)。アートとしての仮面をつけ、アートとして儀式化され、アートとして現実化されて、これらの言葉はそれらの暗黒の美を、それらの「黒い光」を身にまとうのである。

殺害のかわりに〈狩〉と言うこと、それは、すべてのアルカイックで非権威主義者的な部族社会の、純粋な旧石器時代の経済である――「狩猟」、それは殺して肉を食すことであり、ヴィーナスの、欲望の流儀である。戦争のかわりに〈蜂起〉と言うこと、それは階級間や権力間の革命ではなく、永遠の謀反の革命、光の幕を上げる暗黒のものである。強欲のかわりに〈熱望〉と言うこと、それは制圧不可能な欲望であり、狂気の愛である。そして、一種の不完全化のかわりに、「他者」へと向けて外部へと螺旋状に進む自己の総体、豊富さ、有り余る豊かさ、寛容のことを語ること。

この仮面の舞踏なくしては、何ものも創造されはしないだろう。最古の神話は、エロスをカオスの最初の骨としている。エロス、人に馴れる野性のものは、アーティストがカオスへ、神へと回帰し、そして、美のパターンの一つをまとって再びこちらへ回帰する、立ち戻る際に通過する扉なのである。アーティストは狩人であり戦士である、つまり彼は、情熱的であると同時にバランスのとれた存在であり、強欲であると同時にこれ以上はないほど利他的なのだ。我々は、我々自身から救われるような救済をまぬがれていなければならないが、それは、その救済が我々の生命力そのものとしての我々の魂《アニマ》でもあり、同様に我々の自己への能力付与で、怒りと強欲を明らかにするものでさえもある我々の生命の原動力《アニムス》としての、我々の獣性《アニマル》からの救済なのだから。「バビロン」は我々に、我々の肉体は堕落していると告げている――この策略と救済の約束をもって、それは我々を奴隷としたのである。しかし――もし、肉体が既に「救われて」いて、既に〈啓蒙されている＝照らされている《ライト》〉ならば――もし、意識それ自体が一種の肉体であり、触知できるものであると同時に生きているエーテルであるならば――我々は、我々を仲介するどのような力も必要とはしない。野性は、オマル［ハイヤーム］が言うように、〈今でさえ〉パラダイスなのである。

〈殺害〉の真の主権は「帝国」に属するものであるが、なぜならただ自由のみが完全な生活であるからだ。〈戦争〉も同様に、「バビロン人」のものである――自由な人間であれば、他の者の地位を高めるために死んだりはしないだろう。〈飢饉〉は、救世主の、預言者の王の民と共に〈だけ〉存在することができる――ファラオにその色あせない未来に投機することを教えたのは、ヨセフではなかったか？〈強欲〉――土地に対する強欲、象徴的富に対する強欲、そして他者自身を〈救済する〉ために、その魂と身体とを歪ませる力に向けられた強欲――強欲もまた、「自然が自然化すること」から発生するのではなく、すべてのエネルギーを「帝国の栄光」のために抑圧し、誘導することから生ずるのだ。

これらすべてに対抗して、アーティストは、仮面の舞踏、言語の総合的急進化、「詩的テロリズム」の発明を備えているが、それは生きている存在をではなく、有害な〈諸思想〉、我々の欲望の棺桶の蓋の上に乗った恐るべき重荷を打ち据えるであろう。窒息と麻痺の構造は、すべてのものを我々が完全に祝うことによってのみ〈吹き飛ばされる〉であろう――暗黒でさえも。

――一九八六年、夏至に

第七コミュニケ
心理的旧石器時代主義とハイ・テクノロジー：立場表明

COMMUNIQUE #7
Psychic Paleolithism & High Technology: A Position Paper

ＡＯＡが、終始「旧石器時代主義」について語っているからといって、我々が自分たちを石器時代へ爆散しようとしているなどという考えは抱かないこと。

我々は、もしその取引が田舎の小作農の退屈な生活を含むものであれば、「大地へ回帰する」ことに何の興味も抱かない――そして、もしそれが禁忌やフェティッシュ、栄養失調を伴うのであれば、「部族主義」を欲したりもしない。我々は、〈文化〉の概念に異議を唱えるつもりはない――〈テクノロジー〉を含めて、我々にとっての問題は〈文明〉と共に始まるのだ。

我々が旧石器時代的生活に関して好む事柄は、これまで人類学の「権威を持たない人々」という学派によってまとめあげられてきたものである。すなわちそれは、狩猟／採取社会の優雅な怠惰さであり、一日二時間の労働であり、アート、舞踏、詩そして好色といったものへの強迫観念であり、「シャーマニズムのデモクラシー化」であり、知覚の洗練である——簡単に言えば、それが文化なのだ。

我々が文明に関して忌避するものは、次の連なりから導かれる。すなわちそれは、「農業革命」、階級制の出現、「都市」とそのヒエラルヒー的な操作のカルト（「バビロン」）、奴隷制、ドグマ、帝国主義（「ローマ」）である。「権威」の庇護の下の「労働」におけるセクシュアリティーの抑圧である。「帝国は決して終焉せず」。

〈心理的旧石器時代主義〉は、ハイテクにその根拠を置いている——それは農業以後の、工業以後の、「ゼロワーク」の、ノマド的なものなのである（もしくは「不安定なコスモポリタン」——「量子的パラダイム社会」——これは、（ロバート・アントン・ウィルソン——ティモシー・リアリー的な用語の意味での）「未来学」と同様、「カオス理論」に従って未来の理想的なビジョンを構成することである。

現実はどうかと言えば、我々は、「拒食症」と「病的飢餓」の文明との、苦行衣を自らと他者のために発明したことをかつて一度も気に病んだことがないのを恥じて余りある人々との、あらゆる共同を拒絶するのだ――あるいは、憐憫の情を備えずにむさぼり、その後でジョギングやダイエットといった偉大なるマゾ的な一時の中に、その抑圧された罪の反吐を吐き出す人々との共同も拒絶する。すべての〈我々の〉喜びと自己規律は、「生来」我々に備わっているのだ――我々は決して自己を否定せず、何事も断念したりはしない。しかしいくつかの事象が我々を諦めて立ち去るのは、我々が彼らにとってあまりに大きすぎたからである。わたしは穴居人にして遠く星を離れたミュータントであり、詐欺師にして自由な王子なのだ。かつて一人のインディアンの酋長が、ホワイトハウスに晩餐に招待された。食べ物が廻され、その酋長は一度までならず三度までも彼の皿を山盛りにした。とうとう隣席の白人が彼に言う。「酋長、えーと、ほんのちょっとばかり多すぎるとは思わないんですか?」。「うーん」と、酋長は答える。「〈そうね〉、酋長にとっては、ちょっと多いかな」。

それにも関わらず、「未来学」のある教義は依然として問題を含んだままである。例えば、我々がTV、コンピュータ、ロボット工学、宇宙探検等といった新しいテクノロジーの解放的な潜在力を受け入れるにしても、我々はそれでもなお、その可能性と実現とのあいだにギャップを目にすることだろう。TVの陳腐化、コンピュータのヤッピー化、そして宇宙の軍事化は、これらのテクノロジーが、それらの解放的な使用について何等「確定した」保証を備えてはいないことを暗示している。

我々が、〈現実の〉問題から我々の注意を逸らすために奏でられるもう一つの「スペクタクル的」な陽動作戦としての「核のホロコースト」を拒絶するとしても、我々はなお、「相互確実破壊」（Mutual Assured Destruction＝MAD）と「純粋戦争」が、「ハイテクの冒険」のいくつかの局面への我々の熱狂を冷ます傾向がある、ということを認めなければならない。

「存在論的アナーキー」は、一つの戦術としてのラッダイト主義に愛着を感じ続けているが、それはつまり、もし与えられたテクノロジーが（将来的に）どんなに優れた〈潜在力を備えている〉としても、それがここで今、わたしを抑圧するために用いられるならば、わたしはサボタージュという武器を行使するか、さもなくば生産手段（または恐らくはより重要な〈コミュニケーション〉の手段）を奪うかしなければならない、ということである。〈テクネー〉なきヒューマニティなどは存在しない——そして、わたしのヒューマニティ以上の価値を持つ〈テクネー〉もまた、存在しないのである。

我々は、脊髄反射的な反テクノロジーのアナーキズムには組みしない——我々に関しては少なくともそうだ（聞くところによれば、農作業を楽しむ人が何人か存在するという）——そして我々は、「テクノロジカルな必需品」という概念も同様に拒絶する。我々にとって、決定論のあらゆる形態は等しく味気なく映る——我々は、自らの遺伝子の奴隷でも、自らのマシーンの奴隷でもないのだ。「自然」なものとは、我々が〈想像〉し、そして〈創造〉するものである。「自然は法を持たない――慣習を備えるのみ」。

我々にとっての生命は、「過去」――高名な幽霊たちが彼らの変色してしまった副葬品を死蔵している領域――に属するものではなく、「未来」にも属していないが、そこでは、不老不死、超光速飛行、デザインされた遺伝子《デザイナー・ジーンズ》、そして国家の衰退といったものの秘密を、バルブ脳のミュータント市民が大層嫉妬深く護衛しているのである。

〈今か、さもなくば無か〉（Aut nunc aut nihil）。それぞれの瞬間は、貫かれるべき永遠性というものを備えている――そして我々は、肉体の眼を通じて見られる視覚の中の我々自身を、あるいは生まれ出ずることのない完全性へのノスタルジーの中の我々自身を失ってしまっているのだ。

わたしの祖先と子孫が達成したものは、わたしにとって、教訓もしくは愉快な物語以上のものではない――たとえ、自身の矮小さを言い訳するためにでも、わたしは決して彼らを我が先達と呼んだりはしない。わたしは、わたしの欲しいものは何であれ、彼らから盗み取る許可証を自らのために発行する――心理的旧石器時代主義、あるいはハイテクを――あるいは、文明自体の華麗な有機堆積物、「隠遁した巨匠たち」、軽薄な貴族階級と〈ボヘミアン生活〉の秘密についてのものを。

〈デカダンス〉は、ニーチェがそれに反対しているにも関わらず、「存在論的アナーキー」においては健康と同じくらい根深い役割を演ずるものである――我々は、それぞれが必要とするものを取るのだ。デカダンスな唯美主義者は愚かな戦争を引き起こしたりはせず、小頭症的な強欲と憤りに彼らの意識を埋没させはしない。彼らは冒険を渇望するが、それは他者を苦しめるものではなく、むしろ、芸術的な発明と通常ではないセクシュアリティにおける冒険なのだ。ＡＯＡは、彼らの怠惰、正常であることの愚かさへの彼らの軽蔑、彼らが貴族的な感受性を奪還することに対して尊敬の念を抱き、また見習うものである。我々にとってこれらの性質は、旧石器時代の諸性質、その溢れる健康、ヒエラルヒーを知らないこと、〈法〉よりむしろ〈徳〉の洗練ということと、パラドックス的に調和しているのだ。我々には、病気を伴わないデカダンスが、そして退屈を伴わない健康が必要なのである！

それゆえＡＯＡは、完全な自律を求めて闘争しているすべての土着の、部族の人々に対して無条件の援助を与える——そして同時に、未来学者の最も野性的で、最も「現実感覚を失った」推論と要求に対しても。未来の旧石器時代主義（我々にとって、それはミュータントとして既に存在している）は、イマジネーションの広範囲なテクノロジーを通じてのみ、そして、量子メカニクスを超越してカオス理論の領域と「推論的なフィクション」の幻覚へと至る科学的なパラダイムを通じてのみ、偉大な規模で達成されるであろう。

「ルートレスなコスモポリタン」として我々は、過去の、オリエントの、そして部族社会のすべての美に対し、所有権を申し立てる——これはすべて我々のものでなければならないし、我々のものであり得るのだ、たとえそれが「帝国」の至宝であったとしても。すなわち、それは我々の取り分なのだ。そして同時に我々は、農業や工業を超越する、そして電力の同時性さえをも超越するテクノロジーを要求するが、それは意識のウェットウェア〔脳のこと〕と交差するハードウェアであり、クォークの、時間を遡って旅する粒子の、クェーサーの、そしてパラレル・ユニバースの力を強めるものである。

アナーキズムと自由意志論の口先だけのイデオローグたちはそれぞれ、彼らの多様な視野狭窄に固有のユートピアを主張しているが、それは小作農のコミューンから「ラグランジェ第五点にある宇宙都市」にまで及んでいる。我々は言う、千の花を咲き誇らせよ、と——教化的あるいは優生学的な図式に従って、雑草やスポーツを排除する庭師などは必要でないのだ。唯一の真の闘争は、暴君の権威と、実現された自己の権威とのあいだのそれである——他のものはすべて幻覚であり、心理学的な投影であり、無駄な饒舌なのである。

ある意味では、ガイアの息子たちや娘たちは決して旧石器時代を見捨てていないのであって、つまり別の意味では、未来のすべての理想は既に我々のものなのである。蜂起のみがこのパラドックスを「解決する」だろう——我々自身と他者のなかの偽りの意識に対する反乱のみが、抑圧のテクノロジーと「スペクタクル」の貧弱さを一掃することができることだろう。この闘いにおいて、彩色された仮面あるいはシャーマンの大騒ぎが、通信衛星のコミュニケーション、あるいは秘密のコンピュータ・ネットワークのコミュニケーションを強奪することと同じくらいに極めて重要であることが証明されるだろう。

我々が武器あるいはツールを審査する唯一の基準は、その美にある。その手段が既に目的なのであり、ある意味では蜂起は既に我々の冒険〈であり〉、「生成」がすなわち「存在」なのである。過去と未来は我々の中に在り、我々のためにある、ということがアルファであり、オメガなのだ。我々の前にも後にも、その他の神は存在していない。我々は、時間においては自由である——そして、空間においても、同様に自由となるであろう。

（ホース半島一帯の賢者、ハグバード・セリンに感謝を捧げる）

第八コミュニケ
カオス理論と核家族

COMMUNIQUE #8
Chaos Theory & The Nuclear Family

リバーサイド・パークでの日曜日、「父親たち」は子どもの居場所を定めると、臆病な仲間意識の元気ない魅了するような凝視によって彼らを魔法のように芝生に釘付けにし、そして何時間も野球のボールを前後に投げることを強いる。少年たちはほとんど、退屈の矢によって射し貫かれた幼い聖セバスチャンのようにも見える。

家族の娯楽の気取った儀式は、すべてのじめじめした夏の草地を「テーマ・パーク」へと変じ、それぞれの息子を「父親」の富の無意識のアレゴリーへと、リアリティから二度も三度も消去された果ての活気のない表象＝再現前へと変えてしまう。つまり、「どうでも良いもの」のメタファーとしての「子ども」なのだ。

そしてここに、わたしは夕闇が忍び寄るようにやってくる、マジック・マッシュルームの粉末で恍惚とし、目の前の何百ものとんぼが自身の意識から生じたことに半ば気づきつつ――この何年かというもの、こいつらは皆どこにいたんだろう？　なぜ、こんなに沢山、しかも突然に？――その光り輝く瞬間から生じたとんぼたちは、精液中のエネルギーの抽象的グラフのような弧を描いて飛んでいる。

「家庭よ！　愛の守銭奴よ！　どんなにそれらを憎むことか！」野球のボールが、宵の光の中をふらふらと飛び交い、捕球され損うと、疲れた不機嫌さをにじませた声があがる。子どもたちは、日暮れが今までの数時間のけちくさく与えられた自由を覆い隠そうとするのを感じるが、しかし未だ「父親たち」は、夕食の時間まで、夕闇が芝生を見えなくするまで、その家長的犠牲の気乗りのしない最終楽章を引き延ばすことにご執心である。

それらの息子たちの中で、一人が一瞬わたしに眼を据える――わたしはテレパシーのように、甘美な許可証のイメージを伝達する。学校、音楽のレッスン、サマー・キャンプ、TVを囲んだ家族の夕べ、「公園」で「パパ」と過ごす日曜日といったすべての檻から解放された時間の香りを――それは本物の時間、カオス的な時間なのだ。

今や家族が、不満の小隊が「公園」を後にしつつある。しかし〈あの一人〉が振り向いて、わたしに共犯者の笑みを投げかける――「メッセージは受け取ったよ」――そして、わたしの欲望によって浮上させられたとんぼの後について踊りながら遠ざかる。「父親」は、わたしの力を消散させる真言《マントラ》を吠えたてる。

その瞬間が過ぎ去る。少年は、一週間のパターンに呑み込まれて行く――隻脚の海賊、あるいは宣教師により虜囚にされたインディアンのように消え去る。「公園」はわたしが誰であるかを知り、夜の瞑想のためにまさに身を起こそうとする巨大なジャガーのようにわたしの下で身を震わせる。悲しみが未だその背を摑んではいるが、しかしそれは、その最も深い本質において飼い慣らされてはいない。つまり、都市の夜の心臓部の、激しい無秩序なのである。

第九コミュニケ
二重の告発
COMMUNIQUE #9
Double-Dip Denunciations

I. キリスト教
I. Xtianity

何度となく我々は、気取った死骸がついに最後の悪意に満ちた溜息をつき、そして、浮かび上がってきっぱりとカボチャと化してしまうことを望むのである。そして繰り返し、我々のあらゆる待合い室の壁に釘付けにされた、その不吉で皮を剝がれた死の旅の幽霊の敗北と、それが二度と我々の罪について我々に愚痴をこぼさないことを想像するのであるが……

しかし、それは幾度となく復活すると、〈恐ろしく低級な〉スナッフ・ポルノのスプラッタ・ムービー――『ゾンビの誕生』(Night of the Living Dead) の千回目のリメーク――の悪役のごとく、我々に取り憑くために這い戻ってくる——屈辱に喘ぐのろのろした足を引きずりながら……あなたが、知らず知らずの内に安全だと考えたちょうどその時……それは、イエス様の「人喰い鮫《ジョーズ》」なのだ。気を付けろ！「凶悪なチェンソーの洗礼者たち」だ！

そして、自らの弁証法的パラダイスの「オメガ・ポイント」を懐かしむレフティストたちは、こみ上げる歓喜の声をあげ、腐りかかった宗教的信条が亜鉛メッキされて回帰してくることを歓迎する。つまり、ラテン・アメリカ出身のそんなマルクス主義の司教全員と、タンゴを踊ろうではないか——敬虔なポーランドの港湾労働者のために、バラードを声低く歌おう——キリスト教篤信地帯《バイブル・ベルト》出身の最後のアフロ＝メソジスト教徒の大統領候補のために、黒人霊歌をハミングしよう……ということである。

ＡＯＡは「解放の神学」を、スターリン主義の尼僧の陰謀団だとして告発する——「バビロン」の秘密の緋色の「罪深き娼婦たち」が、熱帯地方で赤のファシズムと取引しているのだ。〈連帯《ソリダルノスチ》〉？「教皇聖下の労働組合」である——アメリカ労働総同盟産別会議（ＡＦＬ／ＣＩＯ）、バチカン銀行、「フリーメーソンのプロパガンダ支部の会費」、そしてマフィアによって支援された労働組合なのだ。そしてもし、我々がかつて投票したことがあったとしても、我々はその品種や色がどうであれ、キリスト教の犬に空虚な身ぶりを浪費することは絶対にないであろう。

〈現実の〉キリスト教徒たちは、と言えば、何度も頭に孔を開けて自らにロボトミー手術を施した偽善者、モルモン教の嬰児殺害者、「奴隷根性の宇宙戦士」、テレビ伝道師の黒シャツ隊、「天に在す聖処女マリア」のゾンビ部隊である（彼女は子どもや妊娠した一〇代の少女や同性愛者のセクシュアリティの上に憎しみ、教会の呪い、吐瀉物のバラをまき散らしながら、ブロンクス上空のピンクの雲の中に浮かんでいる）……

本物の死《デス》のカルト信者、典礼主義のカニバリスト、「ハルマゲドン・フリークス」たち――キリスト教右派――はと言えば、我々にできるのはただ、天国への誘拐よ来たれ、そして彼らをすべてその車のハンドルの後ろから、八百長試合のショーから、きちんとしたベッドからかっさらい、そしてまとめて天上へと連れ去って、〈我ら〉に〈人間的な暮らし〉を営ませたまえ、と祈ることだけである。

Ⅱ．妊婦堕胎権支持者と反対者たち
II. Abortionists & Anti-abortionists

中絶を行うクリニックを爆破するカトリック教徒たちは、「平和」についてペラペラ喋り、その上すべての人間的なセクシュアリティを罵倒する司教と同じく、不道徳な愚行というグロテスクなカテゴリーに属している。自然は法を備えず（「ただ慣習のみ」）、それゆえすべての法は不自然なものである。〈すべてのもの〉は、個人的／想像的モラルの領分に属する――それが殺害であっても。

だからといって、カオス理論によれば我々が殺害――あるいは中絶――を好み、是認しなければならないということではない。カオスはすべての私生児が分娩日を迎え、誕生するのを見ることを好むであろうが、それは、精子と卵子だけでは単なる愛の分泌物でしかないのに、ひとたびDNAとして結びあわされると、意識を、反エントロピーを、歓びを秘めた存在となるからである。

もし、「徹底した菜食主義者」が好んで言う通りに「肉食は殺害である！」ならば、祈りというのは中絶のことなのか？　自らが狩る動物たちに踊りを捧げ、彼らの日常の糧と同化し、その悲劇的要素を分け合おうと瞑想したトーテム主義者たちは、「妊娠中絶合法化支持《プロ＝チョイス》」の人工女性《フェミノイド》のようなリベラルたちの月並みなサクラ連中よりも、遥かに人道的に価値を示していたのだ。「スペクタクル」の見本帳の中でひとつの「論争」へとでっち上げられたすべての「問題」は、〈どのみち〉常に糞まみれである。「妊娠中絶問題」とてその例外ではない。

第一〇コミュニケ
本会議は新しい告発を布告する——予期された粛清
COMMUNIQUE ♯10
Plenary Session Issues New Denunciations—Purges Expected

キリスト教徒や、その他の世界の終末指向の嫌な奴ら（前章参照）に強硬に反対して行われた我々の演壇を叩きながらの短いお説教を通じて我々が得てしまったかも知れないあらゆる粘着質のカルマを相殺するため、そして、まさにその記録の誤りを正すために、ＡＯＡは、すべての熱心な脊椎反射的な〈無神論者〉と、彼らの科学的で俗悪な唯物論というかび臭い後期ヴィクトリア朝風な持ち物をも告発する。

我々はもちろん、すべての反キリスト教的心情を誉め称える——そして〈すべての〉組織的な宗教に向けられるあらゆる攻撃も。だがそれは……アナーキストの誰かが、「六〇年代は決して起こらなかったのであり、かつて誰もＬＳＤに耽ったりはしなかったと考えろ」と語るのを聞くためなのである。

科学者自身はどうかと言えば、量子論ならびにカオス理論の不思議の国のアリス的狂気は、彼らのうちの最良の人々をタオイズムとヴェーダンタ哲学（ダダは言うに及ばず）へと向かわせた――そして、もしあなたが依然として『マッチ』や『フリーダム』を読んでいるのなら、科学はクロポトキン公と共に――そして「宗教」はアッシャー大司教と共に――死体防腐処置がなされたことを心に描くべきだろう。

もちろん軽蔑されるのは、茶シャツを着た水瓶座のナチ共、「大企業」へ寄付をしたと最近『ニューヨーク・タイムズ』で讃えられた一種の導師たち、特権を約束されたヤッピーのゾンビ・カルト、ニューエイジの陳腐さである拒食症の形而上学である……しかし我々の秘教主義《エソテリシズム》は、それら月並みな両替屋や、彼らの脳死状態の手先によって汚されてなどいないのだ。

東洋と西洋の異端者と信仰至上主義の神秘主義者たちは、〈内的な解放〉に基づいた諸システムを発展させてきた。それらのシステムのいくつかは、宗教的神秘主義、そして社会的な反動で堕落している――その他のものはより純粋にラディカルであるか、もしくは「心理学的」であるようだ――そしてあるものは革命的な運動に結晶しさえする（千年至福説の原始メソジスト教徒、アサッシン派、イェロー・ターバン・タオイスト等へ）。その欠陥がなんであれ、彼らはアナーキズムがまったく欠いているある種の魔法の武器を備えている。それはつまり、①〈メタ理性的なもの〉（「メタノイア」）の感覚、つまりベニヤ板的な思考を乗り越え、滑らかな（あるいはノマド的、または「カオス的」な）思考と認知へと向かう方法。②自己実現した、あるいは解放された意識のアクチュアルな定義、その構造をポジティヴに描き出すこと、そしてそれに取り組むための技術。③認識論の首尾一貫した原型的考察――それは、〈意味〉のむき出しのパターンへ向けられた解釈学的現象学（シュールレアリストの「パラノイア批評」のようなもの）を利用して、（例えば歴史について）知る方法である。④（多様な道程の「タントラ的な」側面における）セクシュアリティの教義、それは自己犠牲にではなく、むしろ喜びに意義を与えるものであり、それ自体だけのためのものではなく、高められた意識または「解放」の運搬手段でもある。⑤祝福の態度、これは「歓喜の概念」とも呼ばれるものであろうが、リアリティ自体の中のある固有な高貴さを通じ、心理的負債を帳消しにすることである。⑥認識のこれらの五つの局面に生命を与え、コミュニケートさせるための〈言語〉（身振り、儀式、志向性も含む）。そして⑦沈黙。

　どれほど多くのアナーキストが、元カトリック教徒、聖職を剝奪された司祭あるいは尼僧であり、以前は侍者だった者、堕落した再生派の洗礼者、あるいは元シーア派の狂信者であることを発見しても、驚くにはあたらない。アナーキズムは、亡霊にとりつかれたすべての脳を非儀式化するため、黒い（そして赤い）ミサを――世俗の悪魔払いを――捧げるのだが、しかしそれは、次には自らの「権威的な教会《ハイ・チャーチ》」を、つまり倫理的ヒューマニズムや「自由思想」、「筋肉的無神論」［筋肉的キリスト教（Muscular Christianity）、信仰を深めつつ肉体を鍛えることで活発に生活する宗派をもじったもの］、生硬な根本主義者的デカルト派論理といったものが引っかかった蜘蛛の巣だらけのものをでっち上げることによって、自らを裏切るのである。

二〇年前我々は、「ルートレスなコスモポリタン」となることのプロジェクトを開始し、すべての種族、文化、文明（我々自身のそれをも含む）のばらばらの破片を、生成可能な断片へと転じることを――そしてこの陶片の混乱から我々自身の生活のシステムを総合することを決心した――（ブレイクが警告したように）我々が誰か他の者の奴隷とならないために、である。

仮に、あるジャワの魔術師あるいはネイティヴ・アメリカンのシャーマンが、わたしが自分の「薬入れ」のために必要としているある貴重な破片を所有しているとしても、わたしは冷笑し、銀行家の腸で拵えた綱で司祭を絞首刑に処することに関するバクーニンの文章を引用するべきなのだろうか？　それともわたしは、アナーキーはドグマを知らず、そしてカオスは地図にできないということを思い出すべきなのだろうか？――そして、束縛されていないすべてのものを、自由に取るべきなのだろうか？

アナーキーの最も初期の定義は、〈荘子〉とその他の道教思想家のテキストのうちに見い出されるし、「神秘主義的アナーキズム」は、いかなるギリシャの合理主義者よりも古い出自を誇っている。ニーチェが「ヒュペルボレオイ」〔ギリシャ神話の霊民〕に言及したとき、わたしは彼が〈我々〉を予言していたと考えるのだが、それは、神の死を――そして女神の再生を――超越し、魂と物質とが一つのものである領域へと赴いた人々である。その神聖な結婚のあらゆる顕現、つまりすべての有形の事物とすべての生命は、それ自体において「神聖なもの」となるだけではなく、それ自体の「聖なる本質」を象徴するものともなるのである。

無神論は、「大衆」（あるいはむしろ、彼らが自分で選んだチャンピオンたち）のアヘン以外の何物でもない――すごくカラフルな、あるいはセクシーなドラッグではないのである。もし我々が、ボードレールの助言と、そして「ただ常に酔え」という言葉に従うとしても、AOAは、マッシュルームのようなもっとましな何かを選ぶことだろう、そうだよね？　カオスは神々のうちで、最も古いものである――そして、カオスは決して滅びてはいないのだ。

第一一コミュニケ
特別休暇シーズンの食物について
ラント：ライト（Lite）を消せ！

［ラントは、八〇年代後半に流行した詩のスタイル］

COMMUNIQUE #11
Special holiday Season Food Issue
Rant : Turn Off the Lite!

AOAは、ライト（lite）という「合言葉」の下にマーケティングされるすべての製品のボイコットを呼びかける――ビール、肉、低カロリーのキャンディー、化粧品、音楽、もうセットになっている「ライフスタイル」、あらゆるものの。

ライト（シチュアシオニストの用語での）という概念は、「スペクタクル」による欲望の商品化に対するあらゆる嫌悪感を回収しようと望んでいる、「スペクタクル」自身を象徴するコンプレックスを暴露するものである。「ナチュラル」、「有機栽培《オーガニック》」、「ヘルシー」な製品は、フューチャーショックの軽度《マイルド》の症状を呈し、本物への生半可《マイルド》な憧れを抱いた、何となく《マイルドリー》満たされていない消費者の市場セクター向けにデザインされたものである。いわゆる市場の隙間《ニッチ》は、単純さ、清潔さ、薄さ、そして少々の禁欲主義と自己否定という幻想によってソフトに照明され、〈あなた〉のために整えられている。もちろん、それは少々高価だが……結局のところ、ライトなものとは、食べ物を装飾というよりむしろ、未だに栄養と考えている貧しく腹を減らした未開人《プリミティーヴォ》たちのためにデザインされたものではないのである。それは高価でなければ〈ならない〉――さもなければ、〈あなた〉はそれを買わないだろう。

「アメリカの中流階級」（揚げ足をとらないこと。何を言いたいのか判るだろう）は、もちろん対立した、しかし相補的な内紛に陥るのだが、それがすなわち「拒食症」と「過食症」の二つの軍隊である。だが、これらの病の臨床的な症状は、深く広範で大抵は無意識な文化病理学という波に浮かんだ、心身症的な表面の泡を表象＝再現前しているものに過ぎない。「過食症の人たち」

は、ヤッピーに成り下がったジェントリーであり、彼らはマルガリータを鯨飲してビデオにかじりつき、その後でライトな食物、ジョギング、有酸素／無酸素《（アン）エアロビック》の軽運動に救済を求める。「拒食症の人たち」はその「ライフスタイル」の反逆者であり、すさまじく食べ物にうるさい人たちであり、藻類を食べる人たちであり、喜びをもたず、意気消沈し、蒼白い——しかし彼らは、ピューリタン的な熱意とおしゃれな苦行衣を装った、独り善がりの人々である。グロテスクなジャンク・フードは、嗜虐的な「健康食品」の単なる裏面である——木屑か、添加物のような味しかしない——それはすべてうんざりするか、発ガン性かのどちらかだ——あるいは、その両方——そしてそれらはすべて、信じられないほど〈馬鹿げて〉いる。

食物は、それが調理されていようと生であろうと、象徴主義から逃れることはできない。それは、それ〈である〉ということと、そして同時にそれであるところのものを〈表象＝再現前して〉いるのである。すべての食物は魂の糧《ソウル・フード》であって、それをそうでないものとして扱うことは、慢性にして形而上学的な消化不良を招くことである。

しかし、ほとんどすべての経験が「メディアによって」媒介され、リアリティがコンセンサスの知覚の麻痺性の網によって汚されている我々の文明の風通しの悪い穴蔵で、我々は〈栄養〉としての食べ物との接触を失なってしまっている。それゆえ我々は、自身が消費するものに基づいたペルソナを自ら構築し始めるのだが、それは、〈生産物〉を本物への我々の憧れの投影と見なすことである。

ＡＯＡは、時にカオスを継続的創造の豊饒性を象徴するものとして、宇宙的な寛大さの一種の間欠泉としてイメージすることもあるが、それゆえ我々は、自らが「聖なる多様性」と「神聖な主体性」に背かぬように、いかなる特定のダイエットを擁護することも控えるのだ。我々は、完璧な健康への別のニューエイジの（死人だけが完璧に健康であるという）処方箋をあなたに押し売りしているのではない。つまり我々が関心を寄せるのは〈ライフ〉であって、「ライフスタイル」ではないのである。

我々が崇める真の軽さ、そして豊かな重さこそが、その時々の季節に我々を喜ばせる。過剰は我々を完全なものとし、適度なものは我々を喜ばせ、そして我々は、空腹こそが最高の調味料であり得ることを知っている。すべてのものは輝いて《ライト》〈いて〉、そして最も芳しい花々は、屋外便所のまわりに育つものである。我々は、ファランステール［フーリエが理想とした社会主義的生活共同体］の食卓や、「ボロ・ボロ」の喫茶店を夢見るが、そこで晩餐のお祭り気分の人々が、ブリア＝サヴァラン（味覚の聖者）の個人的天分を分け合うことだろう。

シェイク・アブー・サイード［一〇～一一世紀のイスラムの神秘主義聖者］は、決して金を惜しまなかったし、宵越しの金を持つこともなかった――それゆえ、パトロンが彼の巡礼宿に金の詰まった財布を献納した時はいつでも、そのダルウィーシュたちは馳走の宴で祝福されることとなったし、そして他の日々は皆が空腹だった。要は、満杯（full）と空（empty）の両方の状態を楽しむということにあったのである……

ライトは、精神的な空虚さと精神的な啓蒙をパロディー化しているが、それは「マクドナルド」が満腹と祝福のイメージを装っているのと同じことである。人間の精神（空腹は言うまでもなく）は克服可能であるし、このフェティシズムすべてを超えるものである――喜びは「バーガー・キング」でさえも生まれ得るし、そしてライトなビールも一ダースのディオニューソスを隠し持っているかも知れない。しかし、なぜ我々は、今でも自分の葡萄とイチジクの木の下で天国の美酒を味わうことができるというのに、この安っぽい詐欺にも似た、ありきたりの、屑のような風潮と闘わねばならないのだろうか？

食物は日常生活の領域に属するものであるが、日常生活とは、「世界規模の労働機械」とその紛い物の欲望に対抗する、あらゆる蜂起的な自己能力付与の、精神的な自己向上の、喜びの奪還の、反抗の最初の闘技場である。我々にはドグマ化するつもりは毛頭ないけれども、ネイティヴ・アメリカンの狩人ならリス肉のフライで幸せとなれたであろうし、アナーキーなタオイストであれば掌一杯の乾燥スモモで充分だったであろう。チベットの人ミラレパ［一一世紀の聖者、歌と音楽で啓蒙を説いた］は、一〇年間イラクサのスープで過ごした後にバター・ケーキを食し、悟りを得た。愚者はすばらしいシャンペンにさえ〈エロス〉を感じたりはしないが、魔術師は一杯の水にも酔うことができるのである。

それ自身の汚染物質により窒息している我々の文化は、(死に臨んだゲーテのごとくに)「もっとライトを!」と叫ぶ——あたかもこれらの不飽和脂肪酸が多い廃水が、我々の不幸をどうにか緩和することができるかのように、あたかもそれらのどうでもよい味気ない無個性のブランドが、我々を迫りつつある暗闇から護ることができるかのように。

断じて違う! この最後の幻影は、我々を恐ろしく無惨に打ちのめしてしまうことだろう。我々は自身の怠惰な性癖を乗り越え、立ち上がって抗議しなければならないのだ。ボイコットせよ! ボイコットだ! ライトを消せ!

補遺:アナーキストの黒い晩餐会のためのメニュー
(菜食主義者と非菜食主義者のための)

キャヴィアとブリンツ[ユダヤ料理。詰めものをパンケーキでくるんで焼いたもの]。百年ものの卵。インクで調理されたイカと米。皮に黒いピックルド・ガーリックが詰められたナス。黒いウォールナッツと黒いマッシュルームを添えられたワイルド・ライス。黒いバターで炒めたトリュフ。深鍋でマリネされた鹿肉を炭火で炙り、黒パンのスライスに載せ、ローストされたチェストナッツを添えられたもの。ブラック・ルシアン。ギネスとシャンペン。黒い中国茶。黒っぽいチョコレート・ムース、トルコ・コーヒー、黒葡萄、黒プラム、黒サクランボその他。

ハロウィーン特別コミュニケ
革命的行為としての黒魔術
SPECIAL HALLOWEEN COMMUNIQUE
Black Magic as Revolutionary Action

香水と混ぜ合わされ、可能であれば黒い雄鳥から採った血を加えた、混じりけのない本物のサフランのインクを用意すること。そして静かな部屋の祭壇に、そのインクの壺、鉄先のペン、七本の黒い蝋燭、香炉、そして安息香［スマトラ、ジャワ産の樹脂／香料］を供えること。呪文はまっさらの紙あるいは羊皮紙に記されるだろう。水曜日の午後四時、北を向いて図式を書き記すこと。紙からペンを離すことなく、滑らかに一息に、息を止め、舌を口蓋に押しあてながら、七つの頭を持った図式（図版参照）を書き写すこと。これは、インドネシアの〈バリサン・ラクサマナ〉、あるいはジン［第一コミュニケを参照］の王の絵である。それから、「ソロモンの封印」（五つの頭を持ったジンを表す星〉と図式の残りの部分を描くのだ。ソロモンの封印の上に、呪われるべき個人や組織の名を記すこと。さあ、その紙を安息香の蒸気にさらして、〈あなたの内部の〉白いジンと黒いジンとを呼び出すのだ。

ラーマンの神にかけて、ラーヒムの神にかけて
サラーム・アレイクム

おお、白いジンよ、モハメッドの光
我が内部のすべての聖霊の王よ
おお、黒いジンよ、我が影よ
来たれ、そして我が敵を破壊せよ
——もし、そうせぬならば
アラーを裏切ったと見なそうぞ
——この呪文の功徳にかけて
ラ・イラハ・イッラッラー
モハンマド・アル＝ラスール・アラー

もし、呪いが個人の迫害者を狙ったものであれば、蝋人形が用意され、その中に呪文が押し入れられるだろう（図版参照）。

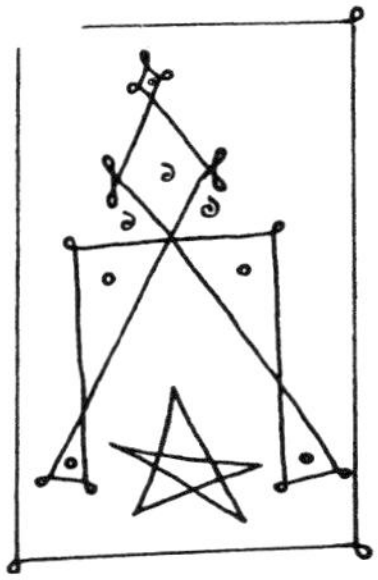

そして、七本の針が頭頂部から下に向け、左右の脇の下、左右の臀部、そして唇あるいは鼻筋を貫くように射し込まれる。その人形を白い経帷子で包み、敵が確実にその上を歩くであろう地中に埋め、同時にその場所の地霊の援助を乞うこと。

ラーマンの神にかけて、ラーヒムの神にかけて
サラーム・アレイクム
おお、地球のジン、泥の精霊よ

おお、地下に暮らす、黒いジンよ
聞くがよい、土の吸血するものよ
我はそちに命ずる、……の身体と魂とを
追尾し、破壊せんことを
我が命令を、心に留めよ
なぜなら、この呪いの功徳にかけて
我こそは真実無二の魔術師であるのだから
ラ・イラハ・イッラッラー
モハンマド・アル＝ラスール・アラー

しかしもし、その呪いが機関や会社へ向けられたものであったなら、次の品目を集めよ。堅ゆで卵、一本の鉄の串、そして三本の鉄のピン（串とピンとは卵に刺すこと）、そして、乾燥したサソリ、トカゲ、それに加えて／あるいは昆虫、それから、墓場の土、磁気を帯びさせた鉄の充填物、阿魏《アサフェテダ》［イラン、アフガン原産の薬用植物とその樹脂］を入れ、赤いリボンで結ばれたセーム革の小袋。呪文を書いた紙を黄色い絹に縫い込み、赤い蝋で封印すること。それらすべてを広口瓶に入れ、コルクで栓をし、赤い蝋で封印せよ。

そうしたならば、その瓶は慎重に包装され、目標となる機関へと郵送される——例えばキリスト教のTV伝道番組、『ニューヨーク・ポスト』、ミューザックの会社、学校や大学などへ——以下の見解のコピーを添えて（その他のコピーはその個々の経営者へと郵送されてもよいし、その周囲の土地に内密に送りつけられてもよいだろう）。

マレーの黒いジンの呪い

この土地一帯は、黒い魔法使いにより呪われている。この呪いは、正しい儀式に則って命を吹き込まれた。この機関は、それがイマジネーションを抑圧し、知性を汚し、芸術を退化させ、そして無感覚へ、精神的な奴隷状態へ、「国家と資本」のためのプロパガンダへ、清教徒的な反動へ、不正な利潤へ、嘘へ、そして美学的荒廃へと堕落させた咎によって呪われたのである。

この機関の経営者は、今や危機のうちにある。個人は誰も呪われてはいないが、しかしこの〈場自体〉が悪運と激しい憎しみとに感染してしまっている。眼を醒まして消え去らぬか、あるいは職場を放棄せぬものは、次第にこの魔法の効き目の影響下におかれることだろう。この魔法の実効を妨げたり、破壊しようとすることは、良い結果を生まぬだろう。あなたの人間性を矯正し、「イマジネーション」の名の下に反乱せよ――さもなくば（この呪文の裏返しとして）、人類の敵として裁かれることになるだろう。

我々は、「全米詩人協会」あるいは「婦人反ポルノ十字軍」のような他の攻撃的な文化組織の名の下に、この行為に「自分のクレジットをつける」ことを提案する（正確な住所も添付すること）。

我々はまた、個人的な黒いジンを呼び出すことで引き起こされるあなた自身への作用に対してのバランスをとるために、あなたが愛し、あるいは尊敬している誰かや集団に対して、〈魔法の祝福〉を授けることをお薦めする。匿名で行うこと、そして贈り物は美しく飾ること。それには厳格な儀式は必要ではないが、その想像力は直感的／自発的な瞑想の領域における意識の鉱泉から湧き出すがままでなければならない。甘い匂いの香を焚き、赤と白の蝋燭を灯し、キャンディ、ワイン、花を飾ること。もし可能であれば、本物の銀、金、あるいは宝石をプレゼントの中に入れること。

この「マレーの黒いジンの呪い」のハウ・ツー・ドゥ・イット・マニュアルは、ＨＭＯＣＡ（「第三のパラダイス」）内部の「達人会議」の「文化的テロリズム委員会」によって、伝統的かつ完全な儀式に則って準備されてきたものである。我々はニザリ＝イスマーイール派の秘教主義者《エソテリシスト》であるが、それは「もの狂い」アラディン・モハンマド三世すなわち第七代にして最後のアラムートの聖者を通じてハッサン＝イ・サバーまで我々の精神を辿ることのできるシーア派の異端者、熱狂者のことである（アーガーハーン〔イスマーイール派の首長の称号〕たちを通じてでは〈なく〉）。我々はカオスの名において、ラディカルな法典遵奉と純粋な信仰至上主義を信奉し、そして、法や権威の〈すべての〉形態に敵対するものである。

　現在のところ、戦術的理由から我々は個人に対する暴力や呪いを提唱してはいない。我々は〈諸機関〉や〈諸思想〉に対抗する行動を呼びかけるのだ――それは「アート・サボタージュ」とアングラのプロパガンダ（セレモニー的な魔法と「タントラ的ポルノグラフィー」を含む）である――そして特に、「虚偽の帝国」の毒気に満ちたメディアに対抗した行動を。「黒いジンの呪い」は、「詩的テロリズム」のキャンペーンの最初の一歩を現しているに過ぎないが、それは――我々が信ずるところでは――蜂起のより明確な形態へと至るであろうものなのだ。

特別コミュニケ

AOAは、カオス・ムーヴメントにおける粛清を予告する

SPECIAL COMMUNIQUE
AOA Announces Purges In Chaos Movement

カオス理論はもちろん、〈不純に〉流れなければならない。「不精な田舎者は曲がった畦を掘る」。イデオロギーの結晶化を急ぐ試みの行き着くところは、あらゆる「純粋さ」とともに我々が縁を切りたいと思っているひび割れた硬直性、化石化、厳めしさ、そして無味乾燥さである。そう、カオスはある種奔放な無形式性の中に出現するのだが、それは、その慣習の破壊と可変性の暴露ゆえに我々が愛するエロティックな乱雑さと似ていなくはないものなのだ。しかしながらこのルーズさは、我々の神聖な皮膜に侵入しようとするあらゆるヒルを受け入れねばならない、ということをほのめかすものではない。カオスのある種の定義や奇形化は弾劾に値するし、そして聖なる無秩序への我々の献身は、裏切り者、詐欺師、心理的吸血鬼といった、それがトレンディであると感じてカオスのまわりを忙《せわ》しなく動き廻っている者を排除することを我々に思いとどまらせたりはしない。我々が提案するのは、〈我々の〉定義の名の下での「異端審判」ではなく、

むしろ、いわゆる決闘、口論、暴力行為あるいは感情的嫌悪の行為であり、悪魔祓いなのである。まずは我々の敵を定義し、名付けることにしよう。①カオスを専ら、苦痛、消極性、喜びのない偽りの自由主義にだけ結び付ける頭が死んでいる者たちと、不完全化のアーティストたち——「善悪の彼岸」とは邪悪なことをなすことを意味すると考える者たち——S／M趣味の知識人、黙示録を小声で感傷的に歌う歌手——新グノーシス主義の二元論者、世界を憎悪する者、そして醜いニヒリストたちである。②カオスを、破壊する力（例えば粒子ビーム砲）として、あるいは秩序を強制するメカニズムとして売りつけ、カオス数理の形で統計的社会学や暴徒の操作に用いるすべての科学者たち。このカテゴリーに属する者の名前と住所を発見しようとする試みも行われることだろう。③カオスをニューエイジ的な詐欺という目的のために利用するすべての者。もちろん〈我々〉は、あなたがその金を全部くれるということには反対したりはしないが、しかしありのままに言うなら、我々はそれをマリファナを買ったり、モロッコへの飛行機代金に充てたりするだろう。あなたは川の近くで水を売ることはできない、つまり、カオスは錬金術師が言っていたところの〈質料《マテリア》〉なのであって、それは、たとえ堆肥の山から見つけられたものであったとしても、黄金も問題にしないほどの高い価値を持っているのである。このカテゴリーにおける主要な標的は、ウェルナー・エアハルトすなわち〈エスト〉の創始者であり、彼は今「カオス」を瓶詰めにして「ヤッピーじみた人々」にフランチャイズしようとしているのだ。次に我々は何人かの友人たちの名前を挙げるが、それは、我々が楽しんでいるカオス理論における実に多様な傾向を説明するためである。「ケイオティカ」、これはフェラル・ファウン（フェラル・レンターとしても知られる）によって発見された空想上の自律ゾーンである。「アカデミー・オヴ・ケイオティック・アート・オヴ・ツンドラ・ウィンド」。ジョエル・バーノコの雑誌『ケイオス（Kaos）』。『カオス・インコーポレイテッド』、これは最も優れたカオス科学者であるラルフ・エイブラハムの著作と結びついたニュースレターである。「ザ・チャーチ・オブ・エリス」。「ディスコルディアン・ゼン」。「ムーリッシュ・オーソドックス・チャーチ」。「チャーチ・オヴ・サブジーニアス」のある支部。「セイクレド・ジハード・オヴ・アワ・レディー・オヴ・パーペチュアル・ケイオス」、「第三型（tipe-III）のアナーキズム」に所属する作家たち、『ポピュラー・リアリティ』のような報道誌等々。今や戦線は敷かれた。カオスはエントロピーではなく、カオスは死ではなく、カオスは商品などではない。カオスとは継続的創造なのである。カオスは、決して死んではいないのだ。

ポスト・アナーキズム的アナーキー
POST – ANARCHISM ANARCHY

ＡＯＡは秘密の会議室に集い、黒いターバンにひるがえる長衣をまとった彼らは、苦いコーヒーを啜り、長いキセルとシブシをふかしながらシラジ絨毯の上に寝そべっている。問い――近年におけるアナーキズムからのこれらすべての離反や脱走（特に「カリフォルニア地帯」におけるそれ）という状況での我々の立場は、どのようなものなのであろうか？　非難するのか、あるいは大目に見るのか？　彼らを粛清するのか、あるいは前衛として認知するのか？　彼らはグノーシス主義のエリートなのか……あるいは反逆者なのだろうか？

実際我々は、大きな共感を脱走者とその多様なアナーキイズムへの批判に覚えている。シンドバッドや「恐ろしい老人」のように、アナーキズムは魔法のようにその肩に張り付いた「殉教者」の死体でよろめいている――失敗と革命的マゾヒズムの伝説――失われた歴史の汚れた溜まり水――に、取り憑かれているのだ。

悲劇的な「過去」と実現不可能な「未来」とのあいだにあって、アナーキズムは「現在」を欠いているように見える——あたかも、今ここで、わたしの真実の欲望とはなんなのだろう？ と——そして、〈遅きに失する〉前にわたしに何ができるのだろう？ と自問することを恐れているかのように……そう、悪意をもって見おろしている魔術師と向かい合って、「おまえの「真実の欲望」とは何か？」とあなたが問われたと想像すること。あなたはその時、咳払いし、口ごもり、吃音り、イデオロギー的な決まり文句に逃げるのだろうか？ あなたは「イマジネーション」と「意志」の双方を備えているのだろうか？ 夢と胆力を備えているのだろうか——それとも、あなたは不能のファンタジーの餌食なのか？

　鏡に見入り、そしてそれを試みよ……（なぜなら、あなたのまとう仮面の一つは魔術師の顔なのだから）。

　今日のアナーキストの「運動」は事実上、黒人、ヒスパニック、ネイティヴ・アメリカン、そして子どもたちを巻き込んではいない……〈理論的には〉そのように生来抑圧された集団こそ、あらゆる反権威主義者的な反抗から最も利益を得るであろうにも関わらず。アナーキイズムは、真に剝奪された者がそれによって現実の必要と欲望とを満たす（あるいは、最低でも満たそうと現実的に闘争する）ための具体的なプログラムを、提示していないのではないだろうか？

　もしそうであるなら、この失敗は、アナーキズムが貧しい人やマージナルな人たちへの魅力を欠いていることを説明するだけではなく、アナーキズムがそれ自身の内部で自らに不満を抱き、自身から脱走しているることをも説明しているのではないか。デモ、ピケのライン、そして一九世紀の典型の焼き直しは、自己解放の生き生きとして大胆な陰謀に何等寄与してはいないのである。もしその運動が、萎縮ではなくむしろ成長するものであるのなら、多くの枯れ木が放棄されねばならないだろうし、冒険的な諸思想が取り込まれねばならないだろう。

潜在力は存在しているのだ。今では毎日、膨大な数のアメリカ人たちが、反動的でうんざりするようでヒステリックな人工的に味付けされた〈糞〉を山ほど、力ずくで食わせられていることを理解しつつある。吐き気を催し嘔吐しようとする呻き声の巨大なコーラス……怒り狂った暴徒が、破壊し、略奪しながら街路を彷徨き回る……等という。「黒色三角長旗」は、その憤激に目標を与え、「イマジネーション」の蜂起へと切り替えることができるのではないだろうか。我々は、六八年のシチュアシオニスムや七〇年代のアウトノミア運動によって中断された闘争を手に入れ、それを次なる段階へと伝達することができるのではないだろうか。我々は、我々の時代に反乱を起こすことができるのかも知れないのである——そしてその過程で、我々は自らの多くの「真実の欲望」を理解できることだろう、その欲望が、ただ一時期の、短い「海賊のユートピア」の、つまり古い「空間／時間」の連続体の中で捻じ曲げられたフリーゾーンのためだけのものであったとしても。

もし、ＡＯＡがその「運動」に未だ加入しているとしても、我々は単に、失われた大義へのロマンティックな偏愛のためだけにそうしているのではない——あるいは、完全にそうだ、というわけでもない。すべての「政治的諸システム」の中で、アナーキズム（その弱点にも関わらず、そして正確にはそれが政治的でも、システムでもないために）は、リアリティや存在論についての、そして存在の本性についての我々の理解に最も近いところにある。脱走者に関しては……我々は彼らの批判に同意はする、しかし、彼らがいかなる新しく力強いオールタナティヴをも提出していないように見えることに注意すること。それゆえ当面我々は、アナーキズムを内部から改革することに集中するのである。そして、ここに我々のプログラムがある、同志諸君。

一、〈心理的人種主義〉が、我々の社会の最も嫌らしい側面の一つとしてのあからさまな差別に置き換わっている、という理解を普及すること。その他の諸文化、特に我々がその中で暮らしているものへ、想像力豊かに関与すること。

二、すべてのイデオロギー的な純粋さを放棄すること。（ボブ・ブラックの暫定的スローガンを用いれば）「第三型」（tipe-III）のアナーキズムを採用すること。つまり、集団主義者にも、個人主義者にもなるな、ということである。虚栄の偶像の寺院を洗い清め、「恐ろしい老人たち」や聖遺物、殉教者列伝を捨て去ること。

三、反労働《アンチ・ワーク》あるいは「ゼロワーク」の運動は非常に重要であるが、それは「教育」と子どもたちの奴隷化に対するラディカルで恐らくは暴力的な攻撃をも含むものである。

四、アメリカの地下出版物のネットワークを発展させ、時代遅れの出版／プロパガンダ戦術と置き換えること。ポルノグラフィーと大衆的娯楽は、ラディカルな再教育の運搬手段である。

五、音楽における四分の二あるいは四分の四拍子の支配権は転覆されねばならない。我々には新しい音楽が必要なのだ。まったく非常識だが生命を肯定するような、リズム的には希薄でもパワフルな音楽が——我々は今、それを必要としているのである。

六、アナーキズムは、福音伝道的な唯物論や、凡庸で二次元的な一九世紀の科学主義から自ら乳離れせねばならない。「意識のより高い領域」は、邪悪な司祭によって発明された単なる幽霊ではないのだ。東洋の、オカルトの、そして部族の文化は、真のアナーキストのファッションにおいて「ふさわしい」ものとなり得る〈テクニック〉を備えている。「意識のより高い領域」なしには、アナーキズムは終焉し、そして苦痛の形態へと、哀れっぽい愚痴へと干涸らびてしまう。我々は、ある種実践的な「神秘主義的アナーキズム」を必要としているのだが、それは、ニューエイジの愚かさとはまったく無縁で、また非情なまでに異端で、反聖職者主義［聖職者が政治に関与することに反対する］のものであり、そして、意識とメタノイアのすべての新しいテクノロジーに対して貪欲なものである——それはつまり、酩酊しておとなしくなってしまっているシャーマニズムを民主化することなのだ。

七、セクシュアリティは攻撃されているが、それは明らかに「右派」からのものだ。だが、進歩的似非「ポスト・セクシュアリティ」運動からの攻撃はより巧妙であり、メディアと広告における「スペクタクル的な回収」によるものはまたさらに巧妙である。「性政治《セックスポル》」の意識へと重大な一歩を踏み出す時、ポリモーファスな〈エロス〉を爆発的に再確認する時なのだ――（疫病や悲しみという圧力のもとでさえ、そしてその場合は特に）――それは、感覚の文字どおりの賛美であり、歓喜の原則なのである。すべての嫌悪と羞恥とを捨て去ること。

八、レフティズムの時代遅れの装備に取ってかわる新しい戦術を試みること。ラディカルなネットワーキングの、実践的、具体的、個人的な恩恵を際立たせること。暴力や交戦状態のための機会は好都合に訪れることはないが、しかし、ちょっとばかりサボタージュや国家の崩壊を想像することは、決して場違いではないのである。陰謀を巡らせ、計画を立てるのだ、不平を言ったり嘆いたりしてはならない。「アートの世界」は特に、一ダースの「詩的テロリズム」を受けるに値するものである。

九、ポスト工業化社会の脱空間化（despatialization）はいくらか恩恵を与えてはいる（例えばコンピュータ・ネットワーキング）が、しかしそれは、弾圧の一形態（ホームレス化、ジェントリフィケーション、建築の非人格化、自然の抹殺等）としても現れることができる。六〇年代のコミューンはこれらの圧力を回避しようとしたが、果たせなかった。〈国土〉の問題は逃走を拒絶する。どのようにしたら我々は、〈操作〉のメカニズムから〈空間〉の概念を分離することができるのだろう？　領土のギャング、つまり「国民／国家」は、地図をすべて貪ってしまっている。誰が、我々のために自律の地図作成学《カルトグラフィー》を発明してくれるのだろう、誰が我々の欲望を含んだ地図を描くことができるのだろう？

アナーキイズム、、、は、本源的にはアナーキーを内包している——そして、アナーキーとはカオスである。カオスとは、継続的創造の原則なのだ……そして、〈カオスは決して滅びてはいない〉。

AOAの秘密会議
一九八七年五月、ニューヨーク・シティ

黒い王位と黒薔薇
アナーキズム的君主制とアナーキズム的神秘主義
BLACK CROWN & BLACK ROSE
Anarcho-Monarchism & Anarcho-Mysticism

眠りの中で、我々はただ二つの統治形態を夢見る——アナーキーと君主制《モナーキー》である。原初的な、根元的な意識は政治など理解しないし、決して公正には振る舞わない。民主主義的な夢？　社会主義的な夢？　あり得ないことだ。

わたしのレム睡眠がもたらすものが、断定的でほとんど予言者的なお告げであろうと、あるいはウィーン風の願望実現にすぎないにしても、ただ王たちと野性の人々だけがわたしの夜に住むことができる。それがすなわち、単子《モナド》とノマドである。

〈何事も自身の光では輝いたりしない〉生気のない時代は、こそこそ歩き、巧みに取り入り、そして、我々が悲しくそして活気ないリアリティに譲歩しているという暗示を与える。しかし夢の中では、我々は愛、あるいは魔術師以外によっては統治されていないのであって、その二つはカオス主義者とサルタンの特殊技能なのである。

創造も遊びも叶わず、ただ〈労働〉しかできない人々のあいだにあって、アーティストはアナーキーと君主制《モナーキー》しか選択肢が存在しないことを知っている。空想家のように、彼らは彼ら自身の感覚を備えねばならないし、そして〈実際に〉供えてもいるのだが、このため彼らは、単なる社会的なものを「暴君的な美の女神《ミューズ》」への犠牲に供せねばならないのである。

アートは「公平に」扱われた時に死ぬ。アートは穴居人の野性を楽しまなければならないが、さもなければある王子から賜った黄金で口を一杯にしていなければならない。官僚とセールスマンはアートに毒を盛り、大学教授は噛み砕いてこなごなにし、そして哲学者は吐き捨ててしまう。

アートとは、高貴な者と野蛮人だけにお似合いの、一種のビザンチン式蛮行なのである。もしあなたが、いつの時代かの、腐敗し、堕落し、デカダントで、影響力がなく、奇妙なパシャあるいはアミール［イスラム世界の王族］の、イランのカジャール朝のシャーの誰かの、ファルーク朝のある王の、ペルシャのいつかの女王の統治下における詩人の生活の甘美さを経験するならば、それこそがすべてのアナーキストが求めねばならないものであると知ることであろう。彼らがどのようにして詩や絵画を、それらのまったく官能的な道化たちを愛したことだろうか、彼らがどんなに薔薇と冷たい息吹に、チューリップとリュートに熱中したことだろうか！

そう、彼らの残忍性と気紛れは憎まねばならない――しかし、少なくとも彼らは人間的であった。しかしながら、官僚とは無臭の汚物を心の壁に――大変親切に、〈気さく〉（gemütlich）に――塗りたくる者である――内部の空気を汚染し、麻痺させる者である――彼らは憎むにも値しない。彼らは、彼らが奉仕する血の通わない「諸思想」の外側に、かろうじて存在しているにすぎないのだ。

それに加えて、空想家、アーティスト、そしてアナーキストたち――彼らは、ムガール人の最も乱暴な者と、残酷な気紛れの色合いを分かち合っていないのだろうか？　真実の生活は、狂気、行き過ぎ、ヘラクレイトス的な「闘争」の時なくして起こり得るものなのだろうか？　我々は統治したりはしない――そして、我々は〈統治され〉得ないし、将来も〈統治される〉ことはないであろう。

ロシアでは、「ナロードニキのアナーキスト」が時折、ツァーの名の下に〈勅令〉や宣言を捏造したものだが、その中で「独裁者」は、貪欲な領主たちや無情な役人共が彼をその宮殿に幽閉し、彼の愛する国民と切り離した、と不平を言うのである。彼は奴隷制の廃止を宣言し、農民と労働者に対して、「彼の名」において政府に対して立ち上がることを呼びかける。

何回かこの策略が実際に効を奏し、反乱を誘発することができた。なぜ？　それは、一人の絶対的な統治者が、自我《セルフ》の唯一で、完全な絶対性の鏡として隠喩的に振る舞うからである。それぞれの農民はこのガラス状の伝説をのぞき込み、そこに彼あるいは彼女の自由を見たのだ――これはいわゆる幻覚であるが、しかしそれは夢の論理学から魔法を借用していたのである。

同様の神話は、一七世紀の原始メソジスト教徒と信仰至上主義者、そしてその博学な徒党と名門の出の陰謀団とともにジャコバン党の旗の下に群がった「第五君主制の人々」を触発していたに違いない。急進的な神秘主義者たちは、まずクロムウェルにより、次いで王政復古によって裏切られた――オカルトの救世主を英国《アルビオン》の玉座に就けるためなら、彼らは軽率な伊達男たちやにやけた伯爵連に、薔薇十字会やスコットランド典礼フリーメーソン（Scottish Rite Masons）に加わっても良かったのではないだろうか？

君主制抜きでは人間の社会を理解できない人々のあいだでは、急進派の欲望は君主制的用語によって表現されるだろう。宗教抜きで人間の存在を理解できない人々のあいだでは、急進的な欲望は異端の言語で語られることだろう。

タオイズムは「儒教的」官僚制全体を拒絶したが、しかし、絶対的に何もなさず、その顔を幸多き方向へと向けて静かに玉座に座している「賢帝」のイメージは保ち続けていた。

イスラム世界においては、イスマーイール派が「マホメットの同志のイマーム［シーア派の指導者］」という理念を採用し、そしてそれを「自らの存在のイマーム」へと変容したのだが、それはすべての「法」と規則を超越して完全なものとなった自我であり、唯一者たる神（One）と合一した者である。そしてこの教義は、彼らをイスラムに対する反乱へと導き、純粋で秘教的《エソテリック》な自己解放とその絶対的な実現の名の下に、恐怖政治と暗殺へと彼らを駆り立てた。

古典的な一九世紀のアナーキズムは、自らを王位と教会に対する闘争のうちに定義しており、それゆえ遠慮なく言えば、それは自身を平等主義者、無神論者と見なしていたのである。このレトリックはしかし、何が実際に起こったのかを混乱させてしまう。「王」が「アナーキスト」となり、「司祭」が「異端」となるのだ。可変性のこの奇妙な二重奏においては、政治家、民主主義者、社会主義者、理性的なイデオローグたちは踊るきっかけをつかむことができないのだが、それは彼らが音楽を聞く耳を持たず、リズムのセンスをまったく欠いているからである。テロリストと君主が〈原型〉なのであり、その他の者たちは単なる役人にしか過ぎない。

かつて無政府主義者と王とは、お互いの喉元を摑み合い、死の舞踏のワルツを踊っていた——壮烈な闘いであった。今はしかし、その両者は歴史の塵入れへと追放されてしまっている——それらは時代遅れであり、間延びした骨董品であり、そしてより洗練された過去なのである。余りに速く旋回しているもので、彼らは解け合ってしまうかのようだ……何とかして彼らは一つのものとなれなかったのだろうか、シャム双生児やヤーヌス、フリーク的な個体に？「理性の眠り……」、なんと魅力的で、待ち望まれる怪物たちなのだろう！

「存在論的アナーキー」は、きっぱりと、にべもなく、殆ど脳なしのように公言する——「そう、その二つは今や一つである」と。無政府主義者／王は、今や単一の存在者として生まれ変わったのであり、我々の一人一人は我々自身の肉体の、我々自身の産物の統治者なのだ——何物であっても、我々は摑み、保持することができるのである。

我々の行動は自分勝手な布告により正当化され、そして我々の利害関係は他の専制君主との条約によって形作られる。我々は自身の行動圏のために法を制定する——そしてその法の鎖は、既に断ち切られているのである。現在では、恐らく我々は単なる「王位請求者」として生き延びているに過ぎない——しかし、そうであっても我々は、我々の絶対的意志を強制するリアリティのほんの一瞬を、一握りの面積を奪い取るだろうが、それが我々の〈王国〉なのである。〈朕は国家なり〉。

もし我々が、倫理あるいは道徳に縛られているとすれば、それらは我々自身が想像していたものでなければならない。つまり、ピューリタンやヒューマニストの「モラル的なＬＳＤ」よりも途方もなく高貴にして自由なものでなければならないのだ。「汝らは神の如くなり」（Ye are as gods）――「御身が神なり」（Thou art That）。

〈君主制〉と〈神秘主義〉という二つの言葉を、ここでは幾分、虚栄あるいは迷信に耽ることへの言及に宗教的な恐怖を覚えて反抗する、それらの平等主義で無神論のアナーキストたちの「度肝を抜く」ために用いている。〈彼ら〉のためのシャンパン革命など存在しないのだ！

しかしながら、我々の反権威主義というブランドはバロック的パラドックスを糧として成長するものであるが、そのパラドックスとは、すべての硬直したイデオロギーとドグマを超える意識の、感情の、そして美学の領域を偏愛するものであり、そして、大衆を抱き込み、矛盾を楽しむものである。「存在論的アナーキー」は、偉大な精神のためのホブゴブリン〔悪戯お化け〕なのだ。

マックス・シュティルナーの大著、『唯一者とその所有』という書名〔Der Einzige und Sein Eigentum〕（そして鍵となる用語）の英訳（The Ego and Its Own）〔『自我《エゴ》とその所有物』〕は、「個人主義」の微妙な誤解を引き起こした。英語圏における〈自我《エゴ》〉というラテン語系の単語は、フロイト派的、プロテスタント的な塵芥を満載しているのである。シュティルナーを注意深く読むならば、『唯一者とその所有』（The Unique and His Own-ness）の方が、よりよくその意図を反映していることがわかるだろうし、また彼が決して自我《エゴ》をリビドーやイドと〈対立するもの〉として、または「魂」あるいは「精神」の反対のものとしても定義していないことが理解されるだろう。そして「唯一者」（〈アインツィゲ〉）は、単に、個人的な自我《セルフ》と解釈されるのが最良ではないのだろうか〔片岡啓治訳『唯一者とその所有』一九七七年、現代思潮社〕。

シュティルナーは形而上学には関わっていないが、それでもなお、「唯一者」にある種の絶対性を与えている。では、どのような点でこの〈アインツィゲ〉は、ヴェーダンタ哲学における「自我《セルフ》」と異なっているのだろうか？ ヴェーダンタ哲学では次のように言う。〈タート・トヴァム・アッシ〉、つまり、御身（個人的な「自我《セルフ》」）が神（絶対的な「自我《セルフ》」）なり、と。

多くの人たちは、神秘主義が「自我《エゴ》を消滅させる」と信じている。馬鹿げたことだ。死だけがそれをなし得るのである（少なくとも、それが我々のサドカイ教徒的仮定である）。また神秘主義は、「肉欲的」あるいは「動物的」自我《セルフ》を損なったりもしない——それは自殺に等しいことでもあろう。神秘主義が実際に乗り越えようと試みるものは、偽りの意識、幻想、「コンセンサスのリアリティ」、そしてそれらの罪悪を備えた自我《セルフ》のあらゆる失敗である。真の神秘主義は「平和の自我《セルフ》」を創造するものだが、それは力を備えた自我《セルフ》である。形而上学の最大の課題（例えばイブン・アラビ、ヤーコブ・ベーメ、ラマナ・マハルシにより達成されたもの）は、ある意味では自我《セルフ》を脱構築することであって、形而上学的そして肉体的に、超越した内在的なものとして、つまり唯一者たる神（ONE）として、自らの身元を確認することである。ある〈ラディカルな一元論者〉たちは、この教理を推し進め、単なる汎神論や宗教的神秘主義をはるかに超えた。存在の内在的な一者性の理解は、ある種の信仰至上主義的な異端〈原始メソジスト教徒、アサッシン派〉に影響を与えたが、彼らは我々が自らの祖と見なす人々である。

シュティルナー自身は、個人主義の精神的共鳴となり得るものに対して耳を塞いでいるようだ——その意味で、彼は一九世紀の人間に他ならない。彼は、キリスト教の瓦解のはるか後、しかし東洋世界の発見と、西洋の錬金術における隠された光明派《イルミナティ》の伝統、つまり革命的な異端とオカルトのアクティヴィズムの発見のはるか前に生を受けたのである。シュティルナーはまったく当を得たことに、彼が「神秘主義」として知っていたものを忌み嫌っていたが、それは自己犠牲と世界嫌悪とに基づいた単なる敬虔主義的な感傷癖にしか過ぎないものであった。ニーチェはその数年後に「神」の棺の蓋を釘付けにした。それ以降、個人主義と神秘主義とが和解しジンテーゼされるであろう等と、誰が敢えてほのめかしたであろう?

シュティルナーに欠落している要素（ニーチェはより近くまで到達している）とは、〈通常ではない意識〉についての実行概念である。唯一の自我（unique self）（あるいは〈超人〉）(übermensch）の理解は、波のように、渦巻きのように、音楽のように響き渡り、発展し、リアリティ自体の唯一であること(uniqueness)の直接的経験あるいは直感的知覚を巻き込んで行く必要がある。この理解は、すべての二元性、二分法、弁証法を飲み込み、消去してしまう。それは電荷のように、〈価値〉の強烈で言葉では表現できない感覚を帯びている。つまり、それは自我《セルフ》を「神格化」するのである。

存在／意識／至福《ブリス》(〈サーチタナンダ〉)を、単なる別のシュティルナー的「亡霊」あるいは「頭の中の車輪」として片づけてしまうことはできない。それは、そのために〈アインツィゲ〉が彼あるいは彼女の所有を犠牲にしなければならないような、排他的かつ超越的な原則を呪術のように呼び出したりはしないのである。それは単に、存在自体の強力な認知が、結果として「至福《ブリス》」となると表明しているに過ぎない——あるいはより平明に言えば、それは「評価的な意識」である。「唯一者」の目標とは結局のところ、〈すべての所有〉にあるのであって、それは中国の水墨画家が「竹になる」ことによって「それ自体を描く」ことのようなものである。

シュティルナーが投げ落とす「唯一者たる個人の団結」についての神秘的なヒントにも関わらず、そしてニーチェによる恒久の「肯定」とその生命の高揚にも関わらず、彼らの個人主義は、どうやらある種の〈他者への冷淡さ〉によって形作られているように思える。幾分かは、彼らは一九世紀の感傷癖と利他主義の生ぬるい閉塞感に対して清々しい浄化の冷気を吹き込んだのであるが、しかし幾分かは、彼らは単に誰か(メンケン[一八八〇〜一九五六、アメリカの辛辣な批評家」？）が「愚かな人類《ホモ・ボーペンシス》」と呼んだものを嫌悪していただけのことだったのである。

そしてさらに、その氷の層の背後や下に隠されているものを読み解くことにより、我々は、燃え立つような教義の痕跡を発見する――それは、ガストン・バシュラールが「他者の詩学」と名付けていたであろうものである。〈アインツィゲ〉の「他者」への関係は、どんな制度や理念によっても定義され得ないし、また制限することもできない。そしてさらに明らかなことに、パラドックス的ではあるが、「唯一者」は完全となるために「他者」に依存しているのであって、そのことはどのような味気ない孤立の中でも理解され得ないし、将来的に理解されることもないものであろう。

「狼に育てられた子どもたち」あるいは〈野性の子どもたち《アンファン・ソヴァージュ》〉の事例は、余りに長期間人間的な交わりを取り上げられた人類の幼児は、意識的な人間性を決して獲得することがないであろう――言葉を習得することがないであろう――ことを示唆している。「野性の子ども」は、おそらく「唯一者」たる個人（the Unique-one）のための詩的メタファーを用立てるだろう――そして同時に、「唯一者」が「他者」と出会い、合同し、一つとならなければならない正確な地点を印しているだろう――さもなくば「唯一者」と「他者」は、彼らに可能なことすべてを成し遂げ、所有することはないであろう。

「他者」は「自我《セルフ》」を映し出す――「他者」とは我々の〈証人〉である。「他者」は「自我《セルフ》」を完成する――「他者」は我々に、存在の一者性を知覚する鍵を与える。我々が存在と意識について語るとき、我々は「自我《セルフ》」を指しているのであり、そして我々が至福《ブリス》について語るときに、我々は「他者」のことを含意しているのである。

言語の習得は、「エロス」のお告げの下に行われる――すべてのコミュニケーションは本質的にエロティックであり、すべての諸関係はエロティックなものである。アヴィケンナとダンテは、愛は星々と惑星ですらもその航路から逸らせる、と説いた――『リグ・ヴェーダ』とヘシオドスの『神統記』の双方が、「愛」はカオスの後に産まれた最初の神である、と説いている。親愛の情、好感、美学的な知覚、美しい被造物、そしてコンヴィヴィアリティ〔「自立共生」と訳されている。この語についてはイリイチの著作、渡辺京二訳『コンヴィヴィアリティの道具』一九八九年、日本エディタースクール出版部を参照〕――「唯一者」たる個人のすべての最も尊い持ち物は、「欲望」の星座における「自我《セルフ》」と「他者」との合より生ずるのである。

ここで再び、個人主義により開始されたプロジェクトが、神秘主義との接ぎ木により――特にタントラとの接ぎ木により――徐々に進歩し、復活することが可能となる。オーソドックスなヒンドゥー教から分岐した秘教主義的《エソテリック》な〈テクニック〉としてのタントラは、性的な快楽と通常ではない意識を同一視するための象徴的な枠組み（「宝石のネット」）を与えてくれる。愛と自由の兄弟団に属する家族や、ヨーロッパのアダム派に始まり、ペルシャの鶏姦派《ペデラスチー》のイスラム教神秘主義者たち、中国のタオイストの錬金術師にまで到るあらゆる信仰至上主義者のセクトは、ある種の「タントラ的」側面を取り入れてきた。古典的なアナーキズムでさえ、それ自身のタントラ的瞬間を楽しんできたのであって、つまりそれらは、フーリエのファランステールであり、G・イワノフその他の世紀末ロシアの象徴主義者の「神秘的アナーキズム」であり、アルツイバーシェフ〔一八七八～一九二七、ロシアの反革命の性文学作家〕の著作『サーニン』の近親相姦的なエロティシズムであり、（わたしのタントラの導師であるシュリ・カマナランサン・ビシュワスが属する名誉を得ていた）ベンガル・テロリスト党に影響を与えたニヒリズムとカーリー神信仰との複雑な連合等である……

　我々はしかしながら、ここに挙げたどれよりも更に深いアナーキーとタントラとの混交《シンクレティズム》を申し出ることができる。事実我々は、「個人主義的なアナーキズム」と「ラディカルな一元論」が、今後は一つのものとなり、同じ運動とならねばならない、と明快に提議するのである。

　この混合物は「精神的唯物論」と呼ばれて来たものであり、精神と物質の一者性の炎の中ですべての形而上学を焼き尽くす用語である。我々は同様に「存在論的アナーキー」も好むが、なぜならそれは、存在自体が「神聖なカオス」の、全能性の、継続する創造の領域の中に存続していることを暗示しているからである。

　この流れの中では、ただ〈生前解脱した者〉《ジーヴァンムクティ》のみ、あるいは「解放された個人」のみが自己を実現しているのであり、それゆえ彼の知覚と諸関係の君主あるいは所有者であり得るのである。このたゆみない流れにおいては、欲望のみがすべての秩序の原則を提供できるのであって、それゆえ存在可能なただ一つの社会とは、（フーリエが理解していたように）愛する人々のそれなのである。

アナーキズムは死んだ。アナーキー万歳！　我々はもはや、革命のマゾヒズムや観念論者の自己犠牲といった重荷を必要とはしない――あるいは、コンヴィヴィアリティへの軽蔑を備えた個人主義の冷淡さも――あるいは、一九世紀の無神論、科学主義、そして進歩主義の鼻持ちならない盲信も必要とはしないのである。そのようなものすべては重荷なのだ！　かび臭いプロレタリア主義者のスーツケース、重たいブルジョアの汽船用旅行鞄、うんざりする哲学の大きな鞄――まとめて舷側越しに投げ捨てよ！

我々は、これらのシステムから、その活力、生命力、豪胆さ、非妥協性、怒り、無思慮を欲するのである――彼らの力、彼らの〈シャクティ〉を。我々ががらくたや絨毯鞄を投げ荷する前に、我々はその札入れ、回転式拳銃、宝石、ドラッグその他の役に立つ品々を強奪するであろう――好きなものを取り、残りは捨ててしまうのだ。なぜそうしてはならないのか？　我々は、過去の遺風を声低く口ずさみ、我々の殉教者列伝をブツブツつぶやくカルトの司祭なのだろうか？

君主制も我々が欲しいものを備えている——優雅、気軽さ、矜持、そして有り余る豊かさである。我々はそれを取り、そして威光や拷問という災いは歴史のゴミ箱へと捨て去るだろう。神秘主義も我々が必要とするものを備えている——「自己超越」、高められた意識、心理的力の貯蔵庫を。それを我々は、蜂起の名の下に徴用するだろう——そして死の運命や朽ち果て分解するための宗教という災いは、残しておくのである。

原始メソジスト教徒の人々は——王にでもスリにでも——すべての「共に作り出されしもの」に対して挨拶する時、こう言うのが常であった——「喜べ！　すべては我らがものなり！」

暗黒の時代《カリユガ》への教え
INSTRUCTIONS FOR THE KALI YUGA

暗黒の時代《カリユガ》［ヒンドゥー教で世界の循環期を四段階に分けたものの最後で末世を指す。現代もそれに含まれる］は、まだ二〇万年以上も戯れるための年月を備えている——カオスの代理人やその化身には良い知らせであり、バラモンやヤハウェ崇拝者たち、官僚的な諸神やその追従者には悪い知らせである。

わたしはその名——dorje ling——を聞いてすぐ、ダージリン（Darjeeling）がわたしに何かを隠していることを知った——「雷の街」なのである。一九六九年、モンスーンの少し前、わたしはその地に到着した。オールド・ブリティッシュ・ヒル駅、西ベンガル州政府の夏季の本拠地——曲がりくねった木製の階段のような街路、「シッキムとカッチェンフンガ山が展望できる遊歩道」——チベット仏教の寺院と亡命者たち——レプチャ族（本当の土着民）と呼ばれる美しい黄色の陶器を作る人々——ヒンドゥー教徒、イスラム教徒、ネパール人、ブータンの仏教徒たち、そして、一九四七年以来帰国の途を失い、未だに古びた銀行や茶店を営んでいる、衰微しつつあるイギリス人たち。

そこでわたしはガネーシュ・ババに出会ったのだが、彼は、妙に完璧なオックスフォード大学訛りの英語を話す、太った白髭のサドゥー〔ヒンドゥー教の行者〕であった——彼ほどガンジャをたくさん、チラム〔大麻喫煙用のパイプ〕を空にしてはまた詰めるようにして喫む者を見たことはなかったし、そういうわけで、彼が声高にわめく子供たちとボール遊びをしたり、バザールで喧嘩をふっかけ、怯える売り子を傘を振りかざして追いかけては高笑いをしているあいだに、我々は道に迷ってしまっていた。

彼は、わたしをシュリ・カマナランサン・ビシュワスに紹介したが、その人は、みすぼらしい背広に身を包んだ小柄でほっそりとした中年のベンガル州政府の官吏であり、彼はわたしに「タントラ」を教えようと申し出たのである。ビシュワス氏は、松の生い茂る急峻な丘の上に立てられた狭いバンガローに住まっていたが、わたしは、プージャー［ヒンドゥー教の祭礼］に備えるため、そして飲むための安物のブランディーを一パイントぶら下げて毎日そこを訪れた――彼は、我々が語り合っているあいだにガンジャを喫むことをわたしに勧めたが、なぜならそれもカーリー神［シヴァ神の妃デーヴィの四態のうちの一つ、カーリーは暗黒という意味］への捧げ物であるからだった。

ビシュワス氏はその放縦な青年時代、ベンガル・テロリスト党の党員であったが、それはアナーキストや極端なレフティストたちと同様、カーリー神の崇拝者、異端のイスラム教神秘主義者をも含むものだった。ガネーシュ・ババはこの秘められた過去を是認しているように見えた。あたかもそれがビシュワス氏のみすぼらしく優柔な外面からは想像もできない、その隠されたタントラ的強さのしるしであるかのように。

我々は毎日の午後、わたしの読んでいたサー・ジョン・ウッドラフ（『アーサー王の西方楽土』）について話し合った。わたしはそこへ、冷たい夏の濃霧を抜けて歩いて行ったのだが、霞とヒマラヤ杉から吹いてくる湿っぽいそよ風がチベットの伝統的衣裳をはためかせていた。我々は「ターラー神のマントラ」［マントラとは日本では真言として知られる呪術的な呪文］と「ターラー神のムドラー」（あるいは「女陰《ヨニ》のムドラー」）［ムドラーとは手や指による印契。象徴的な意味を持つ」を実践し、それから魔術的な目的のために「ターラー神のヤントラ」［ヤントラとは象徴的意味を持った幾何学図形］の図式を研究した。一度我々は、ヒンドゥー教の軍神（我々のそれと同様、星でもあり戦争の神でもある）［日本では摩利支天として知られる］の寺院を訪れたことがあったが、そこで彼は蹄鉄から作られた指輪をもとめるとわたしに贈ってくれた。それからは、更なるブランディーとガンジャであった。

ターラー神、それはカーリー神の諸形態の一であり、よく似た象徴を備えている。非常に背が低く、裸身で、四本の腕には武器を携え、シヴァ神の亡骸の上で踊り、骸骨あるいは生首のネックレスをまとい、舌からは血を滴らせ、深い蒼灰色の肌をしているのだが、それはモンスーンの雲の色そのままである。毎日雨が降り続き――泥の流れが道路を遮断していた。わたしの国境地帯滞在許可が失効する。ビシュワス氏とわたしは、ジープと列車で滑りやすく湿ったヒマラヤを降り、ガンジス川が枝分かれして水浸しの緑鮮やかなデルタを形作っている平坦なベンガル平野にある彼の父祖の地、シリグリへと向かった。

我々は、彼の妻を病院に訪ねる。前年洪水がシリグリを襲い、数万の人々を殺したのである。コレラが発生し、街並みは水に浸かり、藻が蔓延《はびこ》り、荒廃し、その病院の広間は未だ粘液、血、吐瀉物、死液で厚く覆われていた。彼女はむごい運命の中で、瞬きもせず、静かにベッドの上に座っている。彼はわたしにターラー神の着彩石版画をくれるが、それは奇跡的に水に浮いていて、すくい上げられたものであった。

その夜、我々はその地方のカーリー神の寺院で行われたある儀式に出席するが、そこは質素で半ば荒れ果てた小さな路傍の神域であった——トーチライトが唯一の照明であった——聖歌とドラムが不思議な、殆どアフリカ的と言って良いようなシンコペーションで奏でられたが、それはまったく伝統的ではなく、原始的でいて非常識なほど複雑だった。我々は飲み、そして喫んだ。

その儀式の中でただ一人、半ば焼けこげた死体の脇で、わたしは「ターラー神のタントラ」の奥義を伝授される。次の日、熱っぽく、現実感覚を失ったまま、わたしは暇を告げてアッサムへと出立し、ガウハーティにあるシャクティ派の〈女陰《ヨニ》〉の大寺院へと向かうが、ちょうど年一回の祭礼に間に合った。アッサムは立入禁止区域であり、それにわたしは滞在許可を持ってはいない。ガウハーティで深夜、わたしは列車から忍び降り、雨と膝までぬかる泥、そして真っ暗闇の中を引き返してやっと街に出くわすと、南京虫で一杯のホテルを見つける。この頃にはすごく体調が悪くなっている。眠れない。

朝、近くの山の上にある寺院へとバスで登る。巨大な塔、群れる神々、中庭、離れ屋——何十万もの巡礼者たち——氷の洞窟から降りてきた気味の悪いサドゥーたちが、虎の皮の上にうずくまり、聖歌を唱えている。羊と鳩とが数千単位で屠られる真の大虐殺である——（わたしの他には、白人の旦那《サヒーブ》の姿はない）——それらの腸を抜く者が、一インチもある血の海を駆けまわる

——円い刃をしたカーリー神の剣が何度も煌めき、生首が滑り易い丸石の上に音を立てて落ちる。

シヴァ神がその妻ドゥルガーを五三の部分に切り分け、それらをガンジス河の全流域にばらまいたとき、彼女の女陰《ヨニ》がこの地に落ちたのである。何人かの親切な司祭が英語で話しかけ、その女陰像が展示されている洞窟を教えてくれる。この時までには、わたしは深刻に体調が悪いことに気づいてるが、儀式を終えることを決心していた。巡礼者の一群（すべてわたしより少なくとも頭一つ小さい）が、海岸の引き波のようにわたしを文字通り飲み込み、閉所恐怖症を覚えさせるような胎内の洞窟へと、息苦しく曲がりくねった隠者の階段をわたしを宙づりにしつつ下へと運び、そこでわたしは、頭がぐらぐらして吐き気を催し、何世紀ものあいだギー［牛乳から作られる最上質の油脂］と赭土が塗り重ねられた形の定かでない円錐状の隕石の幻影を見た。人々の群れが離れ、それでわたしは女陰像の上にジャスミンの花輪を投げることが許される。

一週間後のカトマンドゥで、肝炎と共にわたしはドイツ宣教師病院に入院する（一月あまり）。そこで得た知識すべてのためには、ほんの少ししか金を払わなかったが——キップリングの小説から抜けでたような、ある引退した大佐の肝臓についての知識である！——しかし、わたしは〈彼女〉を、つまりカーリー神を知る。そう、それはまったくもってすべての恐怖の原型なのであるが、しかし知るものにとっては、彼女は優しい母となるのである。後に、リシケシの上部のジャングルにある洞窟の中で、わたしは何日かのあいだ、ターラー神について瞑想した（マントラ、ヤントラ、ムードラを行い、香を焚き、そして花を供えて）。そして、ダージリンの長閑さへと、その慈悲深い光景へと戻ったのである。
暗黒の時代《カリユガ》は恐怖を含んでいなくてはならない。なぜなら、我々の大部分が彼女を理解することができず、どのような意味でその二つが〈同じもの〉であるかを知って、頭蓋骨のネックレスを乗り越えジャスミンの花輪にたどり着くこともできないからである。カオスを通って行くこと、それを虎のごとくに乗りこなすこと、〈性的な意味でも〉それと抱き合うこと、その性力＝シャクティを、その生命の液体を吸い取ること――これが「暗黒の時代《カリユガ》の道程」なのだ。創造的なニヒリズムなのである。それに従うものに対して、彼女は悟りを、そして富をも、彼女の一時的な〈力〉の一部分さえも、約束してくれているのである。

セクシュアリティと暴力とは、「イメージ＝すること」（Iamge-ination）を通じて意識に直接作用するような詩の中では、メタファーとしての役を果たしている――そうでなかったら、それらは適切な環境に公然と配備され、公に楽しまれることができるし、エクスタシーや酒に始まって塵芥や死体にまで至る〈あらゆる事象〉の聖性の意味を、吹き込まれることができるのだ。

彼女を無視したり、あるいは自分とは無関係であると考える者は破滅の危機を負っている。彼女を〈イシタ・デヴァータ〉、つまり神聖な自我《セルフ》として崇拝し、彼女の「鉄の時代」を黄金であるかのように味わう者は、彼女の現前という錬金術を知る者である。

死の再生産に反対する
AGAINST THE REPRODUCTION OF DEATH

非常に多くの人々が予期していると思われる「終末の時代」の予兆の一つは、その「時代」の最もネガティヴで忌々しい破片のすべてに魅了されることであろうが、そのようなものに魅力を感じるのは、自らをして、我々に注意をうながしていたいわゆる黙示録についてもっとも明敏であると自負している当の思想家階級である。わたしは、とても良く知っている人々について話しているのだ——「スピリチュアル・ライト」の人たち（例えばデカダンスの予兆にとり憑かれている新グェノン主義者たち）——ポスト哲学的左派、死の超然としたエッセイスト、不完全化のアートに関する目利きといった人たちである。

これらのいずれの諸派にとっても、この世で可能なあらゆる行為は汚れきって一つの単調な平面に帰してしまっている——すべては等しく無意味となるのだ。トラディショナリストにとっては、その魂に死の（それ自体の死だけではなく、同様に全世界の死の）準備をさせる以外のことは、どうでも良いことである。「文化批評家《カルチュラル・クリティック》」にとっては、絶望するためのもう一つの理由を同定し、分析し、カタログに加えるというゲーム以外はどうでも良いことなのだ。

　現在、「世界の終わり」がいわゆる抽象概念であるのは、それが未だかつて起こっていないからである。それはこの現実世界ではリアリティを持っていない。それが抽象概念であることをやめるのは、ただそれが起きる時だけなのだ――それが起こるとしたらではあるが。（わたしは、そのことについての「神の御心」を知るのにやぶさかではない――未だ存在していない未来についての科学的な知識を得ることについてもそうだ。）わたしに見えるものは、ただ、メンタル・イメージとその結果派生する感情的な効果だけであり、それはわたしが一種の影のようなウィルスと見なすようなものなのであって、心気症のように甘やかされたり猶予を与えられたりするよりもむしろ抹殺されるべき、わたし自身の中の心の病なのである。わたしは「世界の終わり」を、宗教により、国家により、そして同様に文化的環境によって、〈何もしない〉ことの理由としてわたしの頭上に掲げられているイデオロギー的なイコンであると嫌悪するに至った。

　わたしには、なぜ宗教的・政治的な「諸権力」が、わたしを自分の靴の中で震えさせておきたがるのかがわかっている。神々の黄昏を（祈祷、デモクラシー、共産主義等々を通じて）回避する〈機会〉を〈彼ら〉が申し出るだけで、わたしは羊のように従順に彼らの命令に従い、独力で何かに挑んだりはしないだろう。啓発された知識人の場合はしかし、初めはもっと混乱しているようだ。〈彼ら〉は、恐れと陰気、サディズムと憎悪とをこのように祈念することで、どのような権力を得ているのだろうか？

本質的には、彼らは〈抜け目なさ〉を手に入れる。彼らに対するいかなる攻撃も間抜けに映らざるを得ず、なぜなら、ただ彼らだけが真理を理解するに足る澄んだ目を備えているからであり、彼らのみが粗野で糞ったれの検閲官やリベラルな意気地なしの挑発をものともせずに、あえて〈真実を説明する〉ほどに勇敢であるからだ。もしわたしが、彼らが客観的に論議されるべきであると主張しているまさにその問題に関して彼らを攻撃したとすれば、わたしは田舎者、似非淑女、楽天家と見なされてしまうだろう。そしてもしわたしが、彼らの知覚対象であるところの〈文明的所産〉（書籍、アートワーク、パフォーマンス）への嫌悪を告白するなら、わたしは単なる気取り屋（そしてもちろん、心理学的に抑圧された者）、さもなくば良くても真面目さを欠いた者として片づけられてしまうことだろう。

多くの人々が、わたしが時折アナーキストの少年愛好者《ボーイ・ラヴァー》を自称することから、わたしが連続少年殺人、ファシストのイデオロギー、あるいはジョエル・P・ウィトキンの写真といったその他の超ポストモダンの諸思想にも「興味を持っている」に違いない、と決めつけている。彼らは、すべての論点に二つの側面しか想定してはいないのだ――一つはヒップな面、もう一つはヒップでない面である。これらの死《デス》のカルト的なものすべてに対して反進歩的であるとして異議を唱えた共産主義者は、それを不道徳と信じていたキリスト教原理主義者と同様に、馬鹿者と見なされたことであろう。

わたしは（例によって）、この問題にはただ二つではなく、多くの側面が存在するということの方を支持している。二つの側面しか備えない問題（天地創造主義対ダーウィンの進化論、「選択の自由《チョイス》」対「妊娠中絶反対《プロ・ライフ》」等）は、例外なくすべて〈妄想〉であり、スペクタクル的な虚偽である。

わたしの立場はこうだ。つまり、わたしは行為を妨げるような「知性」を警戒して止まないのである。わたし自身は知性に溢れている。時にはしかしながら、わたしはどうにかして、あたかも自分の人生を変えようと試みるほど愚かであるかのように振る舞ってきた。時折、宗教やマリファナ、カオス、少年たちの愛といった危険な麻薬を用いたこともある。ある程度成功を収めたことも少しはある——わたしはこのことを自慢するためではなく、むしろ証言するために述べているのだ。「世界の終わり」の内的なイコンと、すべての現世的な努力の「無益性」を打倒することによって、（稀にではあるが）わたしは（わたしが今までに知ったすべてのものと比較して）一つの〈安寧〉であるように見える領域へと、大きく前進したことがあるのである。我々のアーティストと知識人たちとを魅了している死と不完全化のイメージは——これらの経験の記憶から呼び覚まされた光の中では——存在の真の潜在力と、存在についてのディスクールにとって、悲劇的なまでに不適当のように思えるのだ。

存在自体は、何等意味を備えない深淵と見なされるかも知れない。わたしは、これを〈ペシミスティックな〉陳述であるとは思わない。もしそれが真実であっても、わたしはその中に、わたしのイマジネーションと意志のための——そしてそれらが考え得る、存在に意味を〈与える〉ためのもっとも美しい行為のための——自律の宣言以外のものを認めることはできない。

なぜわたしはこの自由を、殺人のような行為（実存主義者が行ったように）や、八〇年代の悪鬼じみた趣向で象徴しなければいけないのだろうか？　死は、わたしをただ一度だけ殺すことができる——その時までは、わたしは自由に、「コンヴィヴィアリティ」（それもそれ自体の利点を備えている）はもちろんのこと、自己評価による「至高体験」に基づいた生命と生命のアートを〈わたしに〈できるだけ〉たくさん〉表現し、そして経験することができるのだ。

「死のイメージ」の強迫観念的反復（そしてその再生産、あるいはその商品化さえも）は、検閲やメディアによる洗脳と同じくらい妨害的に、このプロジェクトの〈邪魔となっている〉。それは、ネガティヴなフィードバックループを設定しているのだ——安物のマリファナなのである。それは、誰に対しても死の恐れを克服する手助けをしないだけではなく、ただ単に、自身の死すべき定めの臭いを感じているすべての感傷的な被造物へ、健全な恐れのかわりに〈憂鬱な〉恐怖を吹き込むだけなのだ。

これは、その醜悪な世界を免責することではなく、また、その中に真に恐ろしい事象が存在していることを否定することでもない。しかし、それらの事象のいくつかは克服され得るのだ――我々が恐れの上ではなく、むしろその恐れの克服の上に、いわゆる〈美学〉を構築するならば。

最近わたしは、断然ヒップな、ゲイによるダンス／詩歌のパフォーマンスに出席した。そこでは、一座の中の一人の黒人ダンサーが、死んだ羊を犯す振りをしなければならなかったのである。

白状すると、わたしの甘えた愚かさのうちの一つは、アートがわたしを変革できると、そして他者を変革できると信じて（そしてそう感じても）いることにある。それが、わたしがポルノやプロパガンダを書く理由なのだ――〈変革〉を引き起こすためである。アートが情事のように、そして恐らくは蜂起のように重要であることは決してありはしないだろう。しかし……ある程度であれば……それは「効く」のである。

しかしながら、もしわたしがアートへのすべての望みを、昂揚のあらゆる期待を断念しているとしても、わたしは、わたしの苦痛を単に悪化させるだけのアート、あるいは〈シャーデンフロイデ〉つまり「他者の苦痛を喜ぶこと」に関係したアートを我慢することを拒否することだろう。わたしは、吠えながら仲間の亡骸から逃げ出す犬のようなある種のアートからは面を背ける。わたしは、脱工業的な腐敗のもう一つの例として、超然とした好奇心によってそれを嗅ぎつけることを自分に許すような高度な教養を、拒否したいと思うのだ。

死者だけが真に洗練されており、真にクールなものである。何ものもそれに触れることはできない。しかし、わたしが生きているあいだは、わたしはへま続きで苦行じみ屈折した生命の味方であり、退屈よりは怒りの、甘い快楽、空腹、不注意の味方である……冷淡なアヴァンギャルドやその地下墳墓のファッショナブルな前兆には、反対するのである。

シュールレアリスムの紛れもない廃棄通告（ハリー・スミスへ）
RINGING DENUNCIATION OF SURREALISM (For Hurry Smith)

シュールレアリストの映画の上映会で、誰かがメディアがシュールレアリスムを用いていること（MTV等）についてスタン・ブラケイジに尋ねると、彼は「恥知らずだ」と答えた。よろしい、そうかも知れないし、そうでないかも知れない（大衆的な精神文化（Kultur）は、〈その事実によって〉(ipso facto) インスピレーションをまったく欠いていることになるのだろうか？）――しかし、あるレベルにおいてはメディアによるシュールレアリスムの盗用は恥知らずであることを認めるにしても、この窃盗行為が起こることを許した責任がシュールレアリスムにはない、と我々は信じるべきなのであろうか？

抑圧されたものの回帰は、旧石器時代的なものの回帰を意味する――それは、旧石器時代〈への〉回帰ではなく、その旋回運動の新しいレベルの上で渦を巻くことである。（結局のところ、人類の経験の99.9999%は狩猟／採取なのであって、農業と工業を伴った時代は、記録を持たない深い井戸の水面の薄い油膜でしかないのだ。）旧石器時代的とは、「前＝労働《プレ・ワーク》」（「原始のレジャー社会」）のことである。そして、「脱＝労働《ポスト・ワーク》」（「ゼロワーク」）がすなわち、「心理的旧石器時代主義」なのだ。

「労働」のマトリックスの網目にかかったままでの「欲望の解放」（シュールレアリスム）のためのすべてのプロジェクトは、ただ欲望の商品化へと導かれるだけである。新石器時代は商品（農業生産の余剰）への欲望と共に始まり、欲望の生産（工業）へと向かい、そして欲望の内部崩壊（広告）とともに終わりを迎える。シュールレアリストによる欲望の解放は、その美学的な業績にも関わらず、生産の一部分以上のものとはなっていない——それゆえ、共産党とその「労働主義」的イデオロギー（それに付随する女性嫌悪や同性愛者嫌悪はいうまでもなく）への、シュールレアリスムの大安売りの名があるのだ。お次は近代的なレジャーだが、それは単に「労働」の一部にしかすぎないものである（それゆえその商品化なのだ）——だから、シュールレアリスムが閉店した時、そのガレージ・セールのたった一人のお客が死刑執行人であったのは、偶然などではないのである。

欲望を〈創造する〉ために、シュールレアリスムによる無意識の植民地化という手法を用いる広告は、シュールレアリスムの最終的な内部崩壊を導くものである。それは単に「恥知らずで恥辱に満ちている」だけではなく、単なる盗用でもない。シュールレアリスムは広告のために、商品化のために〈作り出された〉のである。シュールレアリスムは、実際には欲望の背信行為なのだ。

しかしなお、この意味の深淵の外部には、孵ったばかりの不死鳥のように無垢な欲望が未だに成長し続けている。（オブジェクト・アートの回帰を拒絶した）初期のベルリン・ダダは、そのあらゆる失敗のため、シュールレアリスムがなし得なかった社会的なものの内部崩壊に関するさらに良いモデルを提供するものである――それはアナーキスト的なモデルであり、あるいは、恐らくは（文化人類学的専門用語で言うところの）反権威主義的なモデルなのであって、つまりすべてのイデオロギー、すべての法の鎖の破壊なのである。「労働／レジャー」の構造が無意味へと崩壊してゆくように、「操作」のあらゆる形態が意味の解体へと消滅してゆくように、新石器時代的なものもまた、その寺院や穀物倉庫や警察とともに消滅する定めにあると、心理的なレベルにおける狩猟／採取の回帰によって置き換えられる定めにあると思われる――すなわち、再ノマド化である。あらゆるものは内部崩壊しつつあり、そして消滅しつつある――エディプスコンプレックス的な家族、教育、そして無意識それ自体さえも（アンドレ・コドレスクが言うように）。このことをハルマゲドンと取り違えてはならない（黙示録の誘惑、終末論的な詐欺に抵抗しよう）――〈世界〉が終焉を迎えつつあるのではないのだ――ただ、社会的なものの空っぽの殻が熱を持ち、消滅しつつあるだけなのである。

シュールレアリスムは、農業社会的な聖職者の政治への関与やうんざりする操作システムといった、その他の美しい骨董品すべてと共に投げ捨てられねばならない。誰も何が起こるかを知らず、どんな苦しみ、どんな野性の精神、どんな歓びが到来するかを知らない――しかし、我々がその航海のために必要としている最後のものは、別の一組の人民委員――我々の夢の教皇たち――もっとも古株の者たちなのだ。シュールレアリスムを打倒せよ……。

――一九八八年、七月九日、ナロパにて

不思議な諸宗教の大会議に向けて
FOR A CONGRESS OF WEIRD RELIGIONS

我々はこれまでに、to be という動詞、be という単語を信じないことを学んだ――と言うよりはむしろ、悟り（satori）の概念と日常生活の革命の概念とのあいだの著しい類似に注目せよ、ということである——どの場合においても、「通常のこと」の認知が、意識と行動へ向けた異常な因果関係を伴っているのだ。我々は「〜は〜のようだ」（is like）という成句を用いることもできないが、それは、その二つの概念が（あらゆる概念、さらに言うならすべての単語と同様に）、合体することで固定されてしまうからである——週末のパーティーのため、胡散臭く大げさに準備万端整えて現れた客人のように、それぞれのものは、その心理的・文化的な重荷を負わされているのだ。

それゆえ、わたしが〈悟り〉という言葉を古風な「ビート族的＝禅宗的」に用いる一方で、同時に——シチュアシオニストのスローガンの場合であるが——その理論体系の根本の一つが、陳腐なものによって、抽象と孤立の苦痛によって押しつぶされているようにしか〈見えない〉生活から（あるいは生活へと）吹き出している、「すばらしいもの《マーヴェラス》」のダダとシュールレアリスムの観念へと辿ることができることを強調することを許して欲しい。わたしは、それらをさらに漠然とすることによって自らの用語を定義しているのだが、正確に言えば、それは仏教とシチュアシオニスム双方の正統性を捨て去るためであり、それらのイデオロギー的・意味論的な罠を逃れるためである——それらは故障した言語機械なのだ！　むしろわたしは、我々がそれらを破壊し各部分へと解体することを提案するが、それは一つの文化的ブリコラージュの行為である。「革命」は、クランクのさらなる一回転しか意味しない——一方で、あらゆる種類の宗教的正統性は、そのクランクの紛れもない管理へと論理的に導かれている。悟りを、謎めいた僧侶たちの独占物であると想像することにより、あるいはあらゆるモラルの規範により左右されるものとして、偶像視するようなことがあってはならない。また我々は、六八年のレフティズムをフェティッシュ化することよりも、むしろシュティルナーの用語である「反乱」あるいは「蜂起」の方を好んでいるが、それは権力者の地位の単なる交代という組み込み済みの含意を免れているのである。

この諸概念の付置は、秩序づけられた認知の「ルールを破り」、直接的な経験へと到達することを含むものであるが、それは、カオスが自然発生的にフラクタルな非線形的秩序へと分解するにあたっての過程、もしくは「野性の」創造的なエネルギーが遊戯や〈詩〉へと変化する道筋と、幾分類似したものである。「カオス」から派生する「自然発生的な秩序」は、逆に〈荘子〉のアナーキスト的なタオイズムを喚起する。禅は、悟りの「革命的な」含意の意識を欠くことで非難されるだろうし、一方でシチュアシオニストは、彼らの大義が要求する自己実現とコンヴィヴィアリティとに内在するある種の「スピリチュアリティ」を無視しているとして批判されるであろう。悟りを「日常生活の革命」と同一視することによって、我々は少なくとも、シュールレアリストのこうもり傘とミシンの有名な交合として知られる強制的結婚《ショットガン・マリッジ》を成し遂げるのである。異種族混交なのだ。それは、ニーチェにより提唱された人種混交であって、彼は疑いもなく、混血児の性的魅力に心を惹かれていたのである。

わたしは、悟りの道筋が「日常生活の革命」のようで「ある」と描写することを試みるという誘惑に駆られている——だが、わたしにはできない。言い換えれば、わたしの記述のほとんどすべてはこの主題に向けられているのであって、この一つの点をはっきりさせるためには、わたしはほとんどすべてを繰り返して記さざるを得ないだろう。そのかわりに付け足しとして、わたしは二つの用語のさらなる奇妙な一致、あるいは相互浸透を提起するのだが、その一つは再びシチュアシオニスムからのものであり、他方は今回、イスラム教神秘主義からのものである。

〈デリーヴ〉(dérive)もしくは「漂流」は、日常生活の意図的な革命化における一つの演習と見なされていた——それは、都市の街路を貫通する一種の目的のない放浪であり、「自然としての文化」に対する開放性を備えた非現実的な都市ノマディズムであった(わたしがその理念を正確に把握しているとしての話ではあるが)——それは、純粋なままで持続することによって、すばらしいもの《マーヴェラス》を経験するための性質を漂流者たちに教え込むはずであったものであり、常に有益な形態を取るということは恐らくないにしても、うまくゆけば常に洞察力を生み出したことであろう——建築物、エロティックなもの、冒険、飲酒そしてドラッグ、危険、インスピレーションのどれを通じてでも——「メディアによって」媒介されない知覚と経験の強烈度へと向けられた洞察力である。

イスラム教神秘主義においてそれと対応する用語は、「遥かな地平線に向けて旅すること」、あるいは単に「旅すること」であって、それは、イスラム教の都市のエネルギーとノマド的なエネルギーを結び付け、単一の軌跡とする精神的な演習であり、時には「夏のキャラバン」と呼ばれていたものである。ダルウィーシュたちは一定の速度で旅行することを誓うのであるが、それは、ことによれば七夜あるいは四〇夜以上を一つの都市で費やすことなく、起こることをすべて受け入れ、お告げや偶然の一致、あるいは単なる気まぐれの導くままに移動し、パワー・スポットからパワー・スポットを辿り、「神聖な地理学」を、意味としての旅程を、象徴学としての位相幾何学《トポロジー》を意識しながら行われるものである。ここには別の概念の付置があるが、つまりそれは、イブン・カールダンであり、『旅にて』(ジャック・ケルアックとジャック・ロンドンの両者によるもの)であり、一般に悪漢小説の形を取ったものであり、『ほら吹き男爵』であり、『遍歴時代』であり、マルコ・ポーロであり、郊外の夏の林の中の少年たちであり、トラブルを求めて旅立つアーサー王の騎士たちであり、少年たちを求めてさまよう変質者たちであり、メルヴィル、ポー、ボードレールとのはしご酒をすること——あるいは、メイン州をソーローとともにカヌーで行くことである……それは、観光旅行の、そして時間よりも〈むしろ〉空間のアンチテーゼとしての旅なのだ。それはアート・プロジェクトであり、すなわち、踏査された「テリトリー」の一分の一の「地図」を構造することである。それは政治的プロジェクトでもあり、つまり(「虹の集会」のような)不可視のノマド的ネットワークの内部における「自律ゾーン」の移動を構築することである。それは精神的なプロジェクトでもあり、「至高体験」の概念によって置き換えられた（あるいは秘教主義的《エソテリカル》なものとされた）「聖地」の概念における、巡礼の旅の創造あるいはその発見なのである。

ここでわたしが行おうとしていることは（いつものように）、健全にして不合理な論拠を提供することであり、お望みならば不思議な哲学と言ってもよいものであるが、それは、「サイケデリック」で「ディスコルディア主義」的な思潮、非ヒエラルヒー的な新異教信奉、信仰至上主義の異端派、カオス、そして「カオス・マギーク」（Kaos Magic）、革命的なヴードゥー教、「教会化されておらず」アナーキスト的なキリスト教徒、魔術的ユダヤ教、モーリッシュ・オーソドックス・チャーチ、チャーチ・オヴ・サブジーニアス、フェアリーズ、急進的なタオイスト、ビールの神秘主義者、ピープル・オヴ・ザ・ハーブ等々を含んでいる、わたしが呼ぶところの「自由宗教」（Free Religion）である。

一九世紀の急進派の期待に反して、宗教は消滅してはいない――おそらく、そうなっていた方が我々にはよかったのであろうが――しかしそうなるかわりに、それは、テクノロジーと合理的な操作の領域における地球規模の拡大と外観上比例するかのように、その権力を増してきている。根本主義とニューエイジの双方は、日常生活のすばらしさのあらゆる認識に対抗して作用する「システム」への、深く広範な不満からその力をいくらか得るものである――それを「バビロン」

あるいは「スペクタクル」、「資本」あるいは「帝国」、「シミュレーションの社会」、または魂のないメカニズムの社会と呼ぶのだ——あなたの望むように。しかし、これら二つの宗教的な力は、本物への現実の欲望を圧倒的で憂鬱な新しい抽象概念（根本主義の場合にはモラル、ニューエイジの場合には商品化）へとねじまげるものであり、それゆえまったく適切なことに、それらは「反動的」と呼んでも良いのである。

文化的急進派が大衆メディアに浸透し、堕落させようと努めようとするまさにその時、そして、政治的急進派が「労働」、「家族」その他の社会的な組織の活動範囲において同じ機能を演じようとするまさにその時には、無神論的な唯物主義に関する一九世紀的な決まり文句を単に口にし続けることへのニーズではなく、むしろ宗教制度自体を貫通することへのニーズがそこに存在しているのである。それはいずれにしても起こりつつある——であれば、進んで、自らのスタイルで、意識的にそれに取りかかるほうが良いだろう。

かつて世界教会協議会の本部の近くに住んでいたので、わたしは自由教会《フリー・チャーチ》のパロディ版の可能性を好んでいる——パロディは我々の主要な戦略の一つであった（あるいはそれを〈転用〉もしくは脱構築、または創造的破壊と呼ぶこと）——それは、不思議なカルトの、そしてお互いのために会話と奉仕とを提供しあう個人たちの一種の緩やかなネットワークであって（わたしはこの言葉を好まない、かわりに「ウェブワーク」と呼ぼう）、そしてそこから、根本主義者《ファンディーズ》たちやニューエイジャー《ニューエイジャー》の者たちに、そしてアヤトラや教皇権にさえいくらかの心理的な大混乱を引き起こせるほどに強力なトレンドあるいは傾向が、または（魔術の用語としての）「思潮《カレント》」が出現し始めるかも知れないのだが、それは我々にとって、お互いが仲違いしていながらそれでもなお大規模なパーティーを――あるいは秘密の集会、世界会議、あるいは「世界的な学会」を――我々はそれを大喜びで待ち受ける――開かせるに充分なほどコンヴィヴィアルなものなのである。

「自由宗教」は、テレビ伝道者の突撃隊員、愚かな水晶交霊者たち（既に確立された宗教は言うに及ばず）に向けて、いくつかの実行可能な精神的オールタナティヴを申し出ることだろうし、そしてそれゆえ、通常のものへと向かうすばらしいもの《マーヴェラス》の噴出に対する要求があらゆる政治的な要求の中でもっとも熱烈なものと、痛烈なものと、そして荒々しいものとなるであろう未来においては、それはさらにより重要で、生命に関わるほどに差し迫ったものとなることだろう――その未来とは、これから始まるのだ（ちょっと待て、時計を見るから）……七、六、五、四、三、二、一……今。

中空な地球
HOLLOW EARTH

一つ目の巨人の洞窟の中に掘られた大陸の地下部分、大聖堂のような空間のフラクタルなネットワーク、迷宮じみたガルガンチュアの地下通路、緩く流れる黒色の地下水脈、清く澄み微かに発光している静まりかえった黄泉、水に打たれ円くなった石に打ちかかる細い滝、洞窟探検家を戸惑わせる盲魚のような複雑さと不可解な広大さへと、鍾乳石と石筍でできたペトリファイド・フォレスト公園のあちこちで流れ落ちている……ポーによって、さる精神分裂症のドイツのオカルティストによって、シェーヴァー［Richard Shaver、アメリカのSF作家］派のUFOフリークたちによって予知されていた氷の下のこの中空な地球を、誰が掘り当てるのだろう？　地球はかつて、ゴンドワナ期あるいはムー大陸の時代、「古代人種」により植民地化されていたことがあったのだろうか？　そして、彼らの爬虫類的骨格は、その洞窟システムの至高で秘密の迷宮のうちに未だ型どられているのであろうか？　穏やかな静水、行き止まりの運河、リトル・アメリカや「貿易都市」、あるいはナン・チ・ハンのように、文明の中枢から遠く隔たった淀んだ水たまりが、藻や白子の羊歯が茂った南極の洞窟の奥底へ、未知の深みへと注ぎ下っている。我々は、突然変異したものたち、両生類の水搔きを備えた手足の指、退化した習性を空想する——「中空な地球」のカリカク家の人たち、ラヴクラフト主義の背教者、隠遁者、こそこそとして排他的な密輸業者、逃走した罪人、「エントロピー・ウォーズ」の後で身を隠すように強いられたアナーキスト、「遺伝学的な清教徒主義」からの逃亡者、反体制の「中国の党」と、「イェロー・ターバン」の狂信者、インド人水夫の洞窟海賊、「スウェイトの入り江」や「ウォルグリーン海岸」そして「エゼル・フォードの国」に沿って行われる産業労働者のデモというプロレタリアの群から出てくる、青白く働きのない貧乏白人たち——「穴居人たち」は、「自律ゾーン」の民族共有の記憶を二百年以上に渡って保ち続けてきたが、それはいつの日か再び立ち現れる神話なのである……道教、自由主義哲学、インドネシアの魔術、「洞窟の母（あるいは母たち）」のカルト、学者のある者がジャワ海の女神、または月の女神ロロ・キダルと同定し、学者のある者が「サウス・ポール・スター・セクト」の低位の神格としている「翡翠の女神」……（深い洞窟のピジン方言であるべハーサ・イングリスで書かれた）写本は、ニーチェと荘子からの滅茶苦茶な引用を含んでいる……時折行われる売買は、貴重な宝石とそして白いケシ、キノコ、何ダースもの異なった種類の「マジック」マッシュルームの栽培からなる……直径五マイルの、キノコと葛、黒い矮小な松が息苦しく密生した石筍のような小島を転々と浮かべた浅いエレボス湖は、あまりに広いので時には独特の気候条件をも備える洞窟の中にある……その町は、公式にはリトル・アメリカに属しているが、しかし住民の殆どは僅かな失業手当に頼って暮らす「穴居人」である——深い洞窟の部族国家はその湖の真下にあるのだ。下層民、アーティスト、麻薬中毒者、魔術師、密輸業者、海外からの送金により暮らす人、そして変質者たちは、薄緑の蔓で半ば覆われた、ぼろぼろの玄武岩と合成建材で建てられたホテルに暮らし、その湖畔沿いには、むさ苦しい喫茶店の通り、武装した忍者が警護する宝石中央取引所、中国風のオキアミ麵の店、ゆっくりとしたフュージョン＝ガムランの踊り手のために水晶のリボンで飾られたホール、電気的な深青色の午後にシンセサイザーの銅鑼と鉄琴の細波のような音に向かってムドラーを実践している少年たち……そして桟橋の下には恐らく、黒い波打ち際の散漫な水浴者たち、青白い老いた「穴居人」がキノコの粘液にトランス状態となり白目を剝いている市場の裏手の寺院を唖然と見上げる本当に安っぽい旅行者たち、重苦しい香の匂いを吸い込めばすべての事物は突然威嚇するように光り輝き、意味有りげに瞬く……水搔きのついた指の場合も多少はそうだが、儀式的乱交の噂はまこと真実である。

わたしは、エレボス湖の向こう岸、「穴居人」の漁村の釣り餌屋の二階の貸間に暮らしていた……のどかなナマケモノと、肉欲的に奔放な倒錯的・迷信的な儀式、地中に住むミュータントの虐げられた「穴居人」の潜在的かつ不健全なミステリー、怠惰で甲斐性なしでやくざな田舎者たち……あまりにキリスト教的なため、突然変異とは無縁にして優生学的で秩序正しいリトル・アメリカ、そこでは、すべての人々が古代のソフトウェアとホログラフの肉体を備えない王国へとおとしめられながら生きており、大変ユークリッド主義的、ニュートン主義的、清潔で愛国的なのだ——ロサンゼルスがこの無垢な不浄の魔術を、「精神的唯物論」を、弓のように張りつめた弧を描く純粋な生活を脈動させるダイナモ的な勃起を備えた、笑う花々のような秘密の洞窟少年のギャングたちの激しい欲望への隷属を、決して理解することはないだろう、そして、水の臭い、沼の泡、夜に咲く白い花、ジャスミンと朝鮮朝顔、尿、子供たちの湿った髪、精液と泥を……それらは、洞窟の聖霊の、恐らく今では肉体と物質の長いあいだ失われていた快楽を復活させることに努める悪魔として彷徨う古代のエイリアンの亡霊の所有物なのである。さもなければ、その「ゾーン」は既に生まれ変わり、既に自律同士の結びつきとなっているのであって、それは最も生き生きとした秘密の形をとったカオスの伝染性のウィルスであり、暗闇で洞窟の少年たちが孤独に自慰していた地点に飛び跳ねる白い毒キノコなのである……

ニーチェとダルウィーシュたち
NIETZSCHE & THE DERVISHES

〈レンダン〉(rendan)、すなわち「賢明な者たち」。イスラム教神秘主義者たちは、「捕らえられることなく秘密裏に酒を飲めるほどに賢明」な者を意味するのに〈レンド〉(rend)という専門用語を用いる(形容詞は〈レンディ〉、複数形が〈レンダン〉)。つまりこれは、「許された偽装」(〈タキーヤ〉、これによってシーア派信者たちは、宗教的迫害を回避するためと同様に、彼らのプロパガンダの目的を促進させるために、自らの真実の宗派を偽ることが許されていた)のダルウィーシュ版である。

その「道程」の局面では、〈賢明な者《レンド》〉は彼の精神的領域(〈ハル〉)を隠匿しておくのであるが、それは〈ハル〉を抑制し、錬金術的に働きかけ、向上させるためである。依然として多くのダルウィーシュたちが文字通りイスラム法(〈シャリーア〉)を破り、口伝律法(〈スンナ〉)に背き、そして彼らの社会の慣習を無視し続けているとは言え、その「賢明さ」はその「階級」の秘密主義の大半を説明するものである——それらのすべては、彼らに本物の秘密主義のための根拠を与えているのだ。

イスラム教神秘主義を仮面として用いる「罪人」の場合は無視するとして——さらに正確に言えば、イスラム教神秘主義自体ではなく〈ダルウィーシュ〉イズムは、ペルシャにおいては気取らないマナーとほとんど同義語なのであり、社会的な放縦さの拡張による、温和で貧しくはあるが優雅な無道徳性の一つのスタイルなのである——以上の定義は、字義通りの意味においてだけでなく、メタファー的な意味においても重んじられている。すなわちイスラム教神秘主義者のある者は、「法」を犯す一方で、それでもなおその「法」が存在すること、存在し続けることを許すのであり、彼らはそれを精神的な動機から、意志（〈ヒンマー〉）の一つの修練として行っているのである。

ニーチェはどこかで、自由な精神は、堕落し、あるいは改革されさえする諸規則のためにアジテートすることはないだろう、なぜならその諸規則を破ることによってのみ、彼はその力への意志を実現するのだから、と述べている。人が自身の法を作るためには、（他人にではなければ自分自身に）集団の諸規則を超克する能力を証明して見せねばならず、そしてなお、どのような社会においても法と習慣とを定義している劣等な魂の悪意と怨恨の餌食となることがあってはならないのだ。人は事実上、自由な精神の生成を達成するため、戦争に相当する固有の同義語を必要としている——人は、その人自身の活動と知性を評価することに抵抗するという、緩慢な愚かさを必要とするのである。

アナーキストたちは時折、法を備えない理想的社会を仮定することがある。少数のアナーキストたち（マフノヴィスト、カタロニア人たち）は、短期間ではあってもそれに成功したが、彼らの存在をまず許したところの戦争状態を生き延びることはできなかった――それゆえ我々には、もしそのような実験が平和という攻撃を生き延びることができていたらもたらしたであろうことを、経験的に知る術がないのである。

しかしながら、アナーキストたちのあるものは、我々の今は亡き友人であるイタリア人のシュティルナー主義者ブランド（Brand）のように、それが共産主義的あるいは社会主義的なものであったとしてもあらゆる反乱や革命に参加したのであるが、それは彼らが、蜂起の瞬間それ自体の中に彼らが探し求めていた種類の自由を見いだしたからだ。それゆえ、ユートピア主義がこれまで常に失敗してきた一方で、個人主義者や実存主義者のアナーキストたちは、（それが短期間であっても）戦時において彼らの力への意志の実現を達成する程度には成功をおさめてきたのである。

ニーチェの「アナーキスト」に対する批判は常に、平等主義＝共産主義のナロードニキの殉教者という類型に向けられているが、ニーチェは彼らの理想主義をポスト・キリスト教的なモラリズムの生き残りと考えたのである――しかし彼は時折、少なくとも多数決主義の権威に対して反乱する勇気を備えていたということから、彼らを褒め称えてもいる。ニーチェはシュティルナーにまったく言及していない。しかしわたしは、ニーチェがこの「個人主義」的な反逆者を、「犯罪者」の高度な類型に分類していたものと信じているのだが、シュティルナーは彼に（同様にドストエフスキーに）人間たちは牛の群れにはるかに優るということ、たとえ人間たちが彼らの強迫観念と、そして恐らく復讐という隠された動機によって悲劇的に台無しとなっていても、ということを表象＝再現前する者であったからである。

ニーチェの超人は、もしそれが存在していたら、たとえ彼がすべての強迫観念と抑えがたい欲望とを乗り越えていたとしても、ある程度この「犯罪行為」を分かち合わねばならなかったはずである――たとえそれが、ただ彼の法が、大衆の、国家の、社会の法と決して折り合いがつかなかったからであったとしても。彼の「戦争」（文字どおりの意味、またはメタファーとしてのそれ）への希求は、彼を革命に参加させさえしたであろう――その革命が蜂起の形態をとったものであれ、単に誇り高いボヘミアニズムの形態をとったものであれ。

彼にとっての「法を備えない社会」は、それが他者の征服に対抗し、彼らのジェラシーと憎悪とに対抗して、それ自身の自由を評価できる限りにおいて価値を持っていたのであろう。マダガスカルやカリブ海、ダンヌンツィオのフィゥメ共和国、ウクライナあるいはバルセロナといった法を備えず短命な「海賊のユートピア」――これらは、「完成された」（そしてそれゆえ死んだ）

アナーキストの社会の牧歌的な嗜眠よりはむしろ、生成の混乱と、そして「失敗」さえも約束してくれていたために、彼を惹きつけたことであろう。

そのような機会がない場合にも、この自由な精神は、改革の煽動、抗議、非現実的な夢、あらゆる種類の「革命的殉教」といったものに——要するに、最も今風のアナーキストの活動に——時間を浪費することを潔しとはしないだろう。〈賢く《レンディ》〉あること、秘密裏に酒を飲みながらも逮捕されないこと、諸規則を破るため、それによって精神的高揚あるいは危機や冒険に際してのエネルギーの激発を達成するためにその諸規則を受け入れることは、すべての外部の権威を欺きつつあらゆる内在する警官を超越することの個人的な直感的知覚であり——これは、そのような精神の目的地となるに値するものであろうし、そしてこれがニーチェの犯罪の定義なのであろう。（ちなみにわたしは、この解釈がニーチェが仮面を強調していること、そして超人のプロトタイプの秘密主義の本性を強調していることを説明していると思うのであるが、それはコーフマンのような知性的でさえあるが幾分リベラルな解説者を当惑させている。アーティストたちは、ニーチェが彼らを愛しているにも関わらず〈秘密漏洩〉により非難されている。恐らくニーチェは——アレン・ギンズバーグ風に言い換えれば——これが「偉大」となるための〈我々の〉方法であるということに思い至れなかっただろう。そしてまた——イェーツ風に言い換えれば——最も真実の秘密でさえも別の仮面となる、ということに思い及ばなかったのであろう。）

今日のアナーキストの動向について見てみよう。いったい我々は、法が廃止され、最後の一人の司祭が最後の一人の官僚の腸で絞首刑に処される世界に一度だけでも立ってみたいと思っているのだろうか？　もちろんそうだ。だが、我々は息を殺して身を潜めているのではない。（ニーチェを再び引用すれば）完全に断念することに失敗するからには何かしら理由があるのであって、それは単に、彼らの敵がすべて面白みをまったく欠いているから、という理由でもよいのである。オスカー・ワイルドは、ある程度アナーキストでなかったら紳士にはなれない、と言っていたはずである——ニーチェの「ラディカルな貴族主義」と同様に、それは避け難いパラドックスなのだ。

これは、単なる精神的ダンディズムの問題ではなく、根底に横たわる自発性へと、哲学的な「タオ」へと向けられた実存主義的な公約である。それがエネルギーを浪費しているにも関わらず、そしてまさにその無形態性において、アナーキズムだけがすべての主義のうちで唯一、今日において我々の興味を惹くことができるただ一つの形態の〈タイプ〉、「ストレンジ・アトラクター」を提案しているのだが、それが〈カオス〉の実現なのである——それは（最後の引用）、もし人が踊る星を生みだそうとするならば、その内に備えていなければならないものなのである。

——一九八九年、春分の日

一九九〇年代に向けた分析：警官の文化《コップ・カルチャー》をボイコットせよ!!!

RESOLUTION FOR THE 1990's: BOYCOTT COP CULTURE!!!

もし一人の虚構の人物が八〇年代のポップカルチャーを支配してきたと言えるとすれば、それは「警官」(Cop)であった。どちらを向いても忌々しい警察があって、現実の生活よりもよほどたちが悪かった。もううんざりだ。

力強い「警官たち」——従順で引っ込み思案の者を護る——「憲法修正第一の一〇条」の半ダースくらいの章を犠牲にして——『ダーティー・ハリー』。人間のよこしまさに対抗し、甘酸っぱい人柄を露わにしてしまう、そう、しわがれ声で抜け目ないが本当は優しい立派で人間的な警官たち——『ヒル・ストリート・ブルース』——これまでで最も邪悪なTV番組である。田舎出の白人警官をウィットに富んだ人種差別的な意見でやりこめる、切れ者の黒人警官——しかし、彼らは後にお互い愛し合うようになる——「階級の裏切り者」、エディー・マーフィー。マゾ的なスリルを楽しむために我々は、ギーガーがデザインしたようなサナダムシの内側から出てきた、我々の「快適なコンセンサス(Konsensus)のリアリティ」を転覆すると脅迫する邪悪で不正直な警官たちを手に入れたのであるが、しかし当然のことながら彼らは「最後の正直な警官」である『ロボコップ』によって、すなわち人工器官と感傷癖との理想的な混合物によって、折良く吹っ飛ばされてしまった。

我々は最初から警官たちに悩まされてきた――しかし古風な警官たちが、尊大な阿呆や『キーストーン・コップ』、『54号車応答せよ』を演じていたのが、今の子どもっぽいお巡りたちは、鎮圧と制圧のためにファッティ・アーバックル、あるいはバスター・キートンを気取っているのである。そして八〇年代の理想的なドラマでは、そのアナーキストの爆弾で紺色の制服の警官たちを百人単位で木っ端微塵にしたことのある「小男」が、無邪気に紙巻きタバコに火を着けているのが常であった――純愛の性急な力を授かった犠牲者である「売春婦」――彼女はもはや、物語の中心には居場所を持ってはいない。かつて「我々」は放浪者であり、忌み嫌われていて的外れな「秩序」の滑稽な手先を〈無為〉(wu-wei)を通じて打ち負かす、疑似シュールレアリストでカオス主義者のヒーローであった。しかし今や、「我々」は力を〈備えない〉犠牲者の、さもなくば犯罪者の身分に降格されてしまっている。「我々」はもはやその主役ではなく、もはや我々自身の構想においてもヒーローではないのであって、我々は周縁へと押しやられ、「他者」により、すなわち「警官」により取ってかわられているのである。

それゆえ、「警官もの」にはただ三つのキャラクターがあるだけである――犠牲者、犯罪者、そして警察官である――しかし前の二者は完全な人間としては描かれない――豚だけが〈リアル〉なのである。不思議なことに八〇年代の人間社会は〈他のメディアに見られるように〉、時折これらと同じ三つの月並みなもの／類型からなっているように見えたものである。まず犠牲者は、「権利」に関して不平を鳴らす愚痴っぽいマイノリティたちである――だが誰が、八〇年代において自分が「マイノリティ」には属しては〈いなかった〉などと神かけて言うことができるのだろう？　畜生、警官たちでさえ、濫用されていた彼らの「諸権利」に関して不平を言っていたのである。次は犯罪者である。その大部分は非白人〈このメディアの義務として負わされている幻覚としての「人種差別撤廃」にも関わらず〉であり、大部分は貧しく〈さもなくば鼻持ちならないほど金持ちであり、故に一層よそ者となる〉、大部分は邪悪〈即ち「我々の」欲望を映し出す呪われた鏡〉である。聞くところによれば、毎年アメリカの四分の一の世帯が強盗に入られ、そして毎年、我々のうちの五十万人程もがただマリファナを喫煙した咎により逮捕されているという。そのような統計を考えるとき〈それらが「くだらない嘘」であるとしても〉、我々の「警官的な意識状態」の中に犠牲者でも犯罪者でもない者がいるのだろうか、と不思議に思うことだろう。警官〈fuzz〉は〈我々すべて〉のために介在せねばならないのだ、どんなにその接点がぼやけて〈fuzzy〉いるとしても――彼らは、どんなに外道ではあったとしても、単なる戦う司祭でしかすぎないのである。

『アメリカの最重要の指名手配』(America's Most Wanted)――八〇年代の最も成功したTVのクイズ番組である――それは、今までの中流階級の怨恨と復讐というメディアの絵空事にかえて、我々すべてに「アマチュア警官」の役を開放したのだ。現実の警官は本来、自警団員ほどには人を憎まないものである――ブルックリンでのクラック取引を止めさせようとしていた「モスレム」のような、貧しくそして/あるいは非白人の地域的な自己防衛集団に何が起こったかを見てみるがいい。警官は「モスレム」を牢にぶち込み、そして麻薬の売人が自由の身となったのだ。本物の自警団は法の執行権の独占を脅かすものであって、それは〈大逆罪〉であり、近親相姦や殺人よりも忌まわしいものである。しかしメディア(によって媒介された)の自警団は、完全に「警官国家」の内部で機能しているのであって、つまり実際には、彼らは無給(必要な携帯品さえも与えられないのだ!)の〈職業的密告者〉と考えるのが適切であり、つまりは遠隔操作の密告者、電気仕掛けの垂れ込み屋、その日暮らしの裏切り者なのである。

『アメリカの最重要の指名手配』とは一体何なのだ? このタイトルは犯罪者のことを言っているのだろうか――あるいは犯罪のことを、そこには示されず、[メディアによって]媒介されていない、文字通り盗まれ、着服された彼らの現実の実在における欲望の対象のことを言っているのであろうか? アメリカが最も欲していること(America most wants)……それは、仕事を辞め、配偶者を路頭に迷わせ、麻薬をやり(なぜならドラッグだけがあなたをTVのCMに映っている人々と同じくらい良い気分にするからだ〉、色っぽい未成年の少女と、男性同性愛者と、強盗と、地獄と性交することとである。〔メディアによって〕媒介されないどのような快楽がイリーガルではないのだろうか？　屋外でのバーベキューでさえ、今日では煙害防止条例に抵触してしまうのだ。最も単純な歓びが我々をして法のいくつかに立ち向かわせるのだが、ついにはその歓びは余りにストレスに満ちたものとなり、そして後に残るのはTVだけである——そして復讐の歓び、身代わりの裏切り、告げ口屋の忌まわしいスリルが残るだけなのだ。アメリカは、それが最も必要としているもの〈what it most wants〉を所有することができずに、かわりに『アメリカの最重要の指名手配』を備えているのである。校庭の乱暴者たちのエリートにへつらう、校庭のごますり屋の国民なのだ。

もちろんその番組は、多少の不思議なリアリティの事故で未だに苦しんでいる。例えば、ドラマ化された断片は、〈役者たち〉により映画の現実描写法に則った様式で演じられるのだが、視聴者の中には、あまり愚かなもので真実の犯罪の実際の過程を目にしていると信じ込む者がいるのだ。そのために、その役者たちは〈実際の犯罪者と共に／その身代わりとして〉不断に嫌がらせを受け、時には逮捕されたりもすることから、犯人の顔写真がそれぞれの短いドキュメンタリーめいた映像の後に挿入されることとなったのである。面白いだろう、ね？　誰も、何かを本当に体験したりはしない——すべての人は、亡霊の身分に押し込められている——メディアのイメージは、実際の日常生活との接点を破壊し、摑み所ないものとする——「テレフォン・セックス」——「サイバーセックス」がそうである。それは身体の最終的な超越であり、すなわちサイバーグノーシス主義なのである。

メディアの警官は、テレビ伝道の先駆者のごとく、警察国家の降臨を、その最終的な到来を、あるいはそこへの誘拐を我々に準備しているのだが、それがすなわちセックスとドラッグに対する「戦争」である。それは、あらゆる情報内容のすべてに及ぶ総合的な「操作」であり、あらゆる既知の空間における座標を示さない地図であり、単なる「スペクタクル」を超越したものであり、(「身体の外側に存在する」)ねじ曲がったエクスタシーであり、卑猥なシミュラクルであり、統治の最終原則へと祭り上げられた無意味な暴力の衝動なのである。国のイメージは自己嫌悪のイメージによって焼き尽くされたが、それは引き裂かれた一つの人格のスキゾめいた二つの部分のあいだの戦争であり、焼かれ、汚染され、空虚で、荒れ果てて、リアルではない、見捨てられた環境で行われるヘビー級選手権試合としての、「超自我《スーパー・エゴ》」対「イド小僧」の戦いなのである。

殺人ミステリーが常にサディズムの演習であるように、警官を主人公にした小説は常に〈操作〉の企てを含んでいる。捜査官、あるいは探偵のイメージは、「我々」が自律した土台を備えておらず、権力のまなざしの前にあっては実体を無くしてしまうというイメージと釣り合っている。それが我々の欠点であり、救いようのないところである。我々がそれらを「善いもの」あるいは「悪いもの」のどちらと想像したところで、我々の「警官たち」の幽霊への脅迫観念的な祈りの言葉は、それらが象徴するマニ教的な世界観を我々が受け入れた程度を示しているのだ。何百万ものちっぽけな警官は、クリッポス、つまり未熟な腹を空かせた亡霊のように、あらゆるところに群がっている——彼らはスクリーンを満たし、キートンの有名な二巻組の映画の中のように前景を埋め尽くすのであるが、そこは不吉な青いペンギンの大群以外には動くもののない南極のような場所なのである。

我々は、シュールレアリストの「〈男性同性愛者に死を!〉」というスローガンの秘教主義的《エソテリック》で解釈学的な説明を提案する。我々は、それを個人としての警官たち（現代の隠語では「憶病者《カウ》」）の死に言及するためにではなく——それは単なるレフティストの復讐のファンタジーである——了見の狭い裏返しのサディズム——むしろ、〈警官〉の〈イメージ〉の死に言及するため取り上げるのであるが、それは内的な「操作」と、そしてメディアの「どこにも存在しない場所」においてそれが多面的に反映したものである——バロウズが名付けるところの「灰色の部屋」である。それは自己検閲であり、自己の欲望への恐れであり、内なるものとされたコンセンサスの権力の声としての「善悪の観念」である。これらの「国連軍」を暗殺することは、リビドー的エネルギーの流れを真実解き放つであろうが、しかしそれは、「法と秩序」の論理によって予言された暴力的なアモク［逆上しての自殺／殺人行為］ではない。ニーチェの「自己超越」は、自由な精神のための組織原理を与えてくれる（同様にアナーキスト集団にもそれを与える、少なくとも理論上は）。警察国家の性格においては、リビドー的なエネルギーは否定され、自己抑制へと変換され、「操作」へのあらゆる脅威は暴力の衝動に帰するものである。自由な精神の性格においては、エネルギーは遮られることなく流れ、それゆえそれは不穏であり、同時に紳士的でもある——そのカオスはその不思議な魅力を見いだし、新しい同時代の秩序が出現することを許すのである。

それゆえこの意味において、我々は警官のイメージのボイコットと、そしてアートでそれを表現することの一時休止を呼びかけるのである。この意味で……

、、、、、、、、

男性同性愛者に死を！

ＴＡＺ／一時的自律ゾーン

The Temporary Autonomous Zone

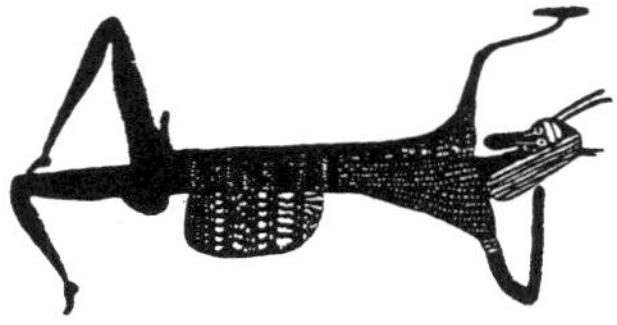

「……しかし今度は、勝利を収めたディオニュソスでやってきて、大地を祝いの日にするでしょう……時間《ひま》は存分にはないでしょう……」

——ニーチェ（コジマ・ワーグナーに宛てたその最後の「錯乱した」手紙より）

［塚越敏・中島義生訳『ニーチェ全集　別巻Ⅱ』一九九四年、筑摩書房］

海賊のユートピア
Pirate Utopias

一八世紀の海賊船や私掠船は、地球にまたがる「情報ネットワーク」とでも言うべきものを創り上げていた。原始的で、何よりもまず残酷なビジネスのためのものではあったが、そのネットはしかしながら見事に機能していた。点在する島々や人跡まれな僻地がそのネット上のいたるところにまき散らされ、そこで船は飲料水や食糧を補給することができ、略奪品が贅沢品や生活必需品と交換された。これらの島のいくつかは「目的をもった共同体」を維持しており、それら小規模なコミュニティーのすべてが、たとえそれが短くとも幸福な生活のためだけであっても、意識的に法の埒外に生き、それを継続することを心に決めていたのである。

何年か前にわたしは、それらの文化的小領域《エンクレーヴ》を取り上げた研究を見つけようと、海賊行為に関する二次資料の山を渉猟していた——しかし、それらが分析に値することを発見した歴史家は、これまで存在しなかったかのようであった（ウィリアム・バロウズも、イギリスのアナーキストである故ラリー・ロゥと同様に、その主題に言及している——しかし、体系的な調査はなされてこなかった）。それでわたしは、一次資料へと引きこもってわたし自身の理論を構築したのだが、それらのいくつかの局面はこのエッセイで論じられるであろう。わたしは、それらの居住地を「海賊のユートピア」と名付けた。

近年、サイバーパンクのSFの旗手の一人であるブルース・スターリングは一つの近未来小説を発表したが、それは政治的システムの崩壊が生存に関する諸実験の分権的な拡散をもたらす、という推定に基づくものであり、それらは、労働者自身が所有する会社、「データの海賊行為」のための独立した小領域、「自然保護団体による社会民主主義的な」小領域、「ゼロワーク」の小領域、アナーキストの解放ゾーン等である。この多様性を支える情報経済が「ネット」と呼ばれる。それらの小領域が（そして彼の著作のタイトルもまた）、〈ネットの中の島々〉［スターリングの同名の作品は、小川隆訳一九九〇年、早川書房］である。

中世のアサッシン派は、人里離れた渓谷や城のネットワークからなる一種の「国家」を創設したが、それらは何千マイルも離れ、侵略に対しては戦略上難攻不落で、密使による情報の流れにより結び合わされ、戦時においてはすべての支配権力と結び、そして、ただ知ることにのみ捧げられたものであった。スパイ衛星の登場によってその頂点を極めた近代テクノロジーは、この種の〈自律〉をロマンティックな夢にしてしまう。海賊の島などもはや必要ないのだ！　だが未来においては、この同じテクノロジーが――あらゆる政治的操作から解放されて――〈自律ゾーン〉の完全な世界を可能とするかも知れないのである。しかし今のところは、こうした考えは文字どおりSF以外の何物でもない――純粋な空論である。

現代に生きる我々は、自律を決して経験できないという、そして一瞬であってもただ自由によってのみ統治されている一片の土地を求めて公然と闘うこともできないという呪いをかけられているのだろうか？　我々は、過去へのノスタルジー、そして未来へのノスタルジーの双方へ屈服させられているのだろうか？　我々の誰かが自由を知る権利を主張するには、全世界が政治的操作から解放されるまで待たねばならないのだろうか？　論理も感情も、ともにそんな推測をよしとはしない。理性は、知らないものを求めて闘争することなどはありえないとつっぱね、そして心は、人類で唯一〈我々の〉世代だけにそのような不正義が訪れるという残酷な宇宙というものに対して反抗する。

「すべての人類（あるいはすべての感情を備えた被造物）が自由でない限り、わたしもまた自由ではない」と口にすることはすなわち、一種の涅槃の無感覚へと屈服すること、我々の人間性を放棄すること、我々自身を敗者と定義することである。

わたしは、「ネットの中の島々」に関する過去と未来の諸所説から推論することによって、ある種の「自由な小領域」が我々の時代に、可能であるだけではなく存在してもいることを示唆する証拠を我々が集めることができるだろうと信じる。わたしの調査と思索のすべては、一時的自律ゾーン＝TEMPORARY AUTONOMOUS ZONE（以後ＴＡＺと略記される）の概念の周辺に結晶している。だが、わたし自身の思考に向けて総合してきているその説得力にも関わらず、わたしはＴＡＺが、いわゆる〈エッセイ〉（「試み」という意味でのそれ）や示唆、あるいは九分通りの詩的な幻想以上のものとして受け取られて欲しいとは思わない。時折、原始メソジスト教徒的な熱狂をもって語ったとしても、わたしは政治的ドグマを構築しようとしているわけではないのである。事実わたしは、ＴＡＺを定義づけることをわざと回避してきた――わたしは、探査ビームを照射しつつ対象の周辺を巡るのだ。結局のところ、このＴＡＺとはほとんど自明のことなのである。もし、この言葉が流通したならば、それは難なく理解されることだろう……行動において理解されるであろう。

革命を待ち受けること
Waiting for the Revolution

「世界がひっくり返った」ことが、どうして常に〈正義〉そのものになってしまうのだろう？ なぜ、反動が常に革命の結果として生ずるのだろう、「地獄」の諸季節のように？

〈反乱〉(uprising)、あるいはラテン語風に言えば〈蜂起〉(insurrection)は、〈不成功に終わった〉革命にレッテルをはるために歴史家が用いる言葉である——それは、予期された曲線、衆目の一致する筋道からはみ出した運動である。革命、反動、裏切り、そして、より強大で圧制的でさえある「国家」の創設——車輪の回転、歴史の際限ないその至高の形態への回帰であり、すなわち、永遠にヒューマニティの顔を長靴で踏みにじることなのだ。

この予期された曲線をたどらないことによって反乱（up-rising）は、その実、悪循環以上の何物でもないヘーゲル学派的な「進歩」の螺旋の外部の、それを超えた運動である可能性を示唆する。ラテン語のSurgoとは「出現する」(raise up) ことであり、英語の「揺らぐ」(surge) ことである。そしてInsurgoは、「起きあがる」(raise up) ことであり、自らを高めることである。

自力での闘いなのだ。因果応報的循環の惨めなパロディ、歴史革命の無益さへの決別である。「革命だ！」というスローガンは、警鐘（tocsin）から毒素（toxin）へと変容し、いわゆる悪意に満ちた似非グノーシス主義的な運命の罠、我々がどのように足掻《あが》いても抜け出すことのできないその邪悪な「霊体」となり、それが「国家」を次から次へと強姦し、さらにもう一人の邪悪な天使によって統治されるすべての「天国」を強姦するのである。

それが求めるところに従って、もし「歴史」が「時」であるとすれば、反乱とは、飛び上がって「時」から逃れ、「歴史」の「法」を犯す瞬間である。また、それが求めるところに従って、もし「国家」こそが「歴史」であるとすれば、蜂起は禁忌の瞬間であり、弁証法の容赦ない否定である――シミー・ダンス［第一次大戦後流行した上半身を振って踊るジャズダンス］を踊りながら柱を登って隠れ家の外に出ることであり、宇宙に対して「不可能な角度」で遂行された、シャーマンの作戦行動なのである。

「歴史」によれば、「革命」が「永続性」を、あるいは少なくとも持続を達成するのに対し、他方、反乱は「一時的」である。この意味で反乱とは、「通常の」意識や経験の基準とは反対の「至高体験」のようなものだ。祝祭と同様、反乱は毎日発生することはない――さもなくばそれは「異常」ではなくなってしまうだろう。しかし、そのような強烈な瞬間こそが、生命の全体に形態と意味を与えるのである。シャーマンが舞い戻る――あなたは、屋根の上で永遠に眼をさましていることはできない――事象は移り変わり、転換と統合とが起こった――〈差異〉が生じたのである。

あなたは、これは窮余の一策だ、と主張するだろう。アナーキストの夢、「国家なき」国家、コミューン、〈持続する〉自律ゾーン、自由な社会、自由な〈文化〉はどうしたというのだ？　我々は、ある実存主義者的な〈動機なき行為〉と引き替えに、その希望を捨るというのか？　要点は、意識を変えることではなく、世界を変えることなのだ、と。

わたしはそれをもっともな批判だと認める。しかしわたしは、二つの点で返答したい。第一は、未だかつて〈革命〉はこの夢の達成に帰着したことがない、ということである。反乱の瞬間にはヴィジョンが生き返る――だが「その革命」が成就して「国家」が復帰する時には、〈既に〉その夢と理想とは裏切られている。わたしは変革の望みを、その期待すらも捨ててはいない――しかし、〈革命〉という言葉を信じてはいないのだ。第二に、仮に我々が、革命のアプローチを〈アナーキスト文化に自然発生的に花開いた蜂起〉の概念と置き換えるとしても、我々自身の個別的な歴史的状況は、そのような途方もない仕事には都合が良いものではない。端末的《ターミナル》な「国家」、巨大企業的情報「国家」、「スペクタクル」と「シミュレーション」の帝国との正面衝突からは、無意味な殉教に終わる以外にしかたないだろう。その銃がすべて我々を狙っているのに、一方で我々の貧弱な武装は、高失業率の持続《ヒステリシス》、硬直した虚無、情報の心霊体《エクトプラズム》ですべての火花を覆い消すことのできる「秘密工作」、「警官」のイメージとTVスクリーンの吸い込むような眼に支配された条件付き降伏の社会以外に、目標を見つけられずにいるのである。

手短に言えば、我々はTAZのことを、それだけで一つの全面的な目的であると宣伝してはいないし、他の組織の形態、戦術、そして目標と置き換えようとしてもいない。我々がそれを推奨するのは、それが、暴力と殉教へ導かれる必要のない反乱と一体になった高揚、という特質を与えてくれるからである。TAZは、国家とは直接的に交戦しない反乱のようなものであり、〈国土の、時間の、あるいはイマジネーションの〉ある領域を解放するゲリラ作戦であり、それから、「国家」がそれを押しつぶすことができる〈前に〉、それはどこか他の場所で／他の時に再び立ち現れるため、自ら消滅するのである。「国家」が、第一にまず実体よりも「シミュレーション」の方に関心を持つために、TAZはこれらの領域を不法に「占有」し、相対的な平和のうちに、束の間、その陽気な目的を遂行する。おそらく、ある種の小規模なTAZがいままで命を長らえてきたのは、山奥の小領域のようにそれらが目立たなかったからであろう——それらが、決して「スペクタクル」とは関わらず、決して現実の生活の外部へは現れなかったので、「シミュレーション」のスパイの目には留まらなかったからである。

「バビロン」は、抽象的なものをリアリティと見誤る。そして、まさにこの誤りの縁《へり》の〈中にこそ〉、TAZは存在し得るのだ。TAZを開始することは暴力と自衛の戦術を伴うだろうが、しかし、その最も偉大な強さは、その不可視性にこそある――「歴史」がその定義を持たないために、「国家」はそれを認識できないのである。TAZが名付けられる（表現される、あるいは［メディアによって］媒介される）や否や、中空の外皮を残してそれは消滅しなければならないし、消滅する〈だろう〉が、それは単にどこか他の場で再び飛び上がるためであって、「スペクタクル」の用語では定義できないために、それはもう一度不可視となるのである。TAZはそれゆえ、「国家」が常に、どこにでも存在し、全能でありながら、しかし同時にひび割れと空虚だらけであるような時代にとっての完璧な戦術なのだ。そしてわたしは、TAZが自由な文化の「アナーキストの夢」の小宇宙であることから、ここで今、その恩恵のいくつかを同時に経験しながら目標に向かって進むそれ以上の戦術を思いつくことができない。

要するにリアリズムは、我々が「あの革命」を〈待ち望むこと〉をあきらめるだけではなく、我々がそれを〈欲する〉ことを断念することも求める。「反乱する」、そうだ――できるだけ頻繁に、そして暴力の危険を犯してでも。「シミュレートされた国家」の〈痙攣〉は「見もの＝スペクタクル的」なことだろう、だがほとんどの場合、最良でまた最もラディカルな戦術とは、スペクタクル的な暴力に関わることを拒絶し、シミュレーションの領域から〈引き退がり〉、姿を消すことだろう。

TAZはゲリラ的な存在論者の陣地のようなものであって、それはつまり、一撃を加えたら逃げろ、ということである。部族全体を移動し続けるのだ――たとえそれが、「ウェブ」の中のデータにしかすぎないとしても。TAZは身を護れなければならない、だがその「一撃」も「防御」も、可能であれば「国家」の暴力を巧みに避けなければならないのだが、それは、それがもはや〈有意義〉な暴力ではないからである。その一撃は、操作の構造へ、本質的には諸思想へ向けられるものであり、防御は「不可視性」であり、〈武術〉であり、「不死身」であることだ――それは、諸武術のうちの「オカルト」術である。「ノマド的な戦争機械」は、気づかぬうちに征服し、地図が改訂される前に先へと進む。未来に関しては――ただ自律したもの「のみ」が自律を〈計画〉し、そのために組織し、それを実現できる。それは自力での戦いなのだ。その第一歩は、幾分〈悟り〉と類似している――TAZが、実現《リアリゼーション》の単純な行為から始まることを理解《リアリゼーション》することである。

（註：レンツォ・ノヴァトーレから引用された補遺Cを参照のこと）

日常生活のサイコトポロジー（心理位相幾何学）
The Psychotopology of Everyday Life

ＴＡＺの概念は、まず第一に「革命」の批判、「蜂起」の正しい認識から発生する。前者は後者に失敗のレッテルを貼るが、しかし我々にとって〈反乱〉は、解放の心理学の基準から見れば、ブルジョア階級、コミュニスト、あるいはファシスト等によるすべての「成功した」革命よりも、はるかに興味深い可能性を示すものである。

背景としてＴＡＺを発生させた第二の力は、わたしが「地図の閉鎖」と呼ぶ歴史的な発展に源を持つ。どの民族国家からも要求されていない地球の最後の一かけらさえ、一八九九年には貪り尽くされていた。我々の世紀は、〈未知の世界〉（terra incognita）を、フロンティアを備えない最初の世紀である。ナショナリティが世界統治の最高原理なのである――南太平洋に突き出た岩礁の頂、人里離れた谷、そして月や惑星でさえ、〈開かれて〉残されている可能性はないのだ。これは「領土のギャング行為」の極致である。管理されておらず、課税されていない地球は、一吋たりともないのである……理論的には。

「地図」とは政治的抽象の方眼であり、「老練な」「国家」の飴と鞭の条件付けにより補強された恐ろしく巨大な〈ペテン師〉であるが、それは我々の大半にとってその地図が領土に〈ふさわしくなる〉まで続く——もはや「海亀島」ではなく、「アメリカ合衆国」となるまで。そして未だ、その地図が抽象概念であるために、それはこの地球を一分の一の精度でカバーすることができない。実際の地理学のフラクタルな複雑性においては、その地図は寸法の方眼しか見ることができないのだ。隠されて折り畳まれた無限の空間は、定規から免れている。地図は正確ではない、言うならば正確では〈あり得ない〉のである。

それゆえ——革命が閉ざされると、蜂起が開かれる。当分の間我々は、「恒久的解決」に巻き込まれることをすべて回避しつつ、一時的な「権力の揺らぎ」へ向けてその力を結集する。

そして——地図が閉ざされると、自律ゾーンが開かれる。隠喩的に言えば、それは「操作」のカルトグラフィー（地図作成学）の目には見えないフラクタルな広がりの内で展開するということである。ここで我々は、オールタナティヴな「科学」としてのサイコトポロジー（心理位相幾何学）の（またサイコトポグラフィー＝心理地形学の）概念を、「国家」の測量と地図の作製、そして「心理的帝国主義」のそれに導入する必要があるだろう。ただ人間の精神だけが現実を象るに充分な複雑性を提供できるために、ただサイコトポグラフィーのみが、リアリティの一分の一の地図を描くことができるのである。しかし一分の一の地図というものは、それが仮想的にその領土と同一視されるため、領土を「操作」することはできない。それは、ある地形を〈示唆〉するためだけ、ある意味ではその方向を〈身振りで指し示す〉ためだけに用いられ得るのである。我々は、自律ゾーンとして開花する潜在力を備えた（地理的、社会的、文化的、あるいは想像上の）「空間」を捜し求めている——そして、「国家」の関与の無視を通じて、あるいは地図製作者の注意をどうにかして逃れたためであれ、それがどんな理由であったとしても、これらの空間が相対的に開かれている時間を捜し求めているのだ。サイコトポロジーとは、潜在的なTAZを探り出すダウジングの技術なのである。

「革命」と地図との閉鎖は、しかしながらTAZのネガティヴな起点にしか過ぎず、そのポジティヴな着想の源がまだ語られなければならない。反動だけでは、TAZを〈宣言する〉のに必要なエネルギーを供給することができない。反乱というものは、何か他の目的の〈ための〉ものでもなければならないのである。

一、まず、我々にはTAZの自然人類学を書き記すことができる。核家族はコンセンサスの社会の基本となる単位であるが、TAZのそれではない（「家族！——わたしはなんとそれを憎むことか！　愛の守銭奴よ！」——ジッド）。核家族は、その付き添いである「エディプス・コンプレックス的な苦痛」とともに、新石器時代に発明されたものであり、強要された食糧難と強制的なヒエラルヒーとを伴う「農業革命」への対応であったようだ。旧石器時代的なモデルは、より根本的で、よりラディカルなものだ。それはすなわち〈バンド〉である。典型的な狩猟／採集者のノマド的、あるいは半ノマド的なバンドは五〇人程からなっている。より大きな部族社会におけるこのバンドの構造は、部族内部の氏族《クラン》により、あるいは、入会儀礼を通過しなければならなかったり秘密であったりするソサエティ、狩猟あるいは戦争のためのそれ、性差によるそれ、「子ども共和国」等々といった同志関係によって充足されている。もし、核家族が食糧難によって生じる（そして倹約に帰着する）なら、バンドは放棄により生み出される——そして、浪費へと帰着する。家族は、遺伝子のため、男性による女性と子どもの〈所有〉のため、農業／工業社会のヒエラルヒー的全体性のために〈閉ざされて〉いる。それに対し、バンドは〈開かれて〉いる——もちろんそれは、すべての者に対してではなく、親しい集団や、愛の同盟に誓いをたて資格を得た者に対してであるが。バンドはより大きなヒエラルヒーの一部分ではなく、むしろ習俗の水平的なパターン、広い意味での親族、契約と同盟、超自然的な姻戚関係等に属するものである（アメリカ・インディアンの社会は、今もなおこの構造のある局面を備えている）。

我々自身の、「シミュレーション」のポスト・「スペクタクル的社会」には、段階的に核家族を除去し、バンドを呼び戻そうとする多くの力——大抵は不可視である——が作用している。「労働」の構造の崩壊が、単身家庭と単身家族の粉砕された「安定性」に反響しているのだ。今日のある人の「バンド」は、友人、離婚した配偶者や愛人、異業種の知人や呪い師、親しい者たち、特別な興味のネットワーク、郵便のネットワーク等を含んでいる。核家族はますます明らかに、〈罠〉に、文化的な汚水槽に、引き裂かれた原子の神経症的で秘められた内部崩壊となった――そして明確な反攻戦略が、バンドのよりアルカイックでよりポスト工業化的な可能性のほとんど無意識での再発見の内に、自然発生的に浮かび上がってきているのである。

二、〈祝祭〉としてのTAZ。スティーヴン・パール・アンドリュースはかつて、アナーキスト社会の一つのイメージとして〈ディナー・パーティー〉を提示したが、そこにおいては、権威の全構造がコンヴィヴィアリティと祝賀へと溶解する（補遺Cを参照のこと）。ここで我々は、フーリエとその社会生成の基礎としての感覚の概念を引合いに出すべきだろう――「接触の作法」と「胃袋哲学」であり、そして嗅覚と味覚との無視された密接な関連への彼の賞賛である。佳節と収穫祭の古代における概念は、一定の出来事が「瀆神の時代」の範囲外である、つまり「国家」と「歴史」の尺度では測ることができない、という直感的洞察に源を発するものである。これらの祝祭日は、暦の間隙を事実上占拠していた――〈暦に加えられた諸区間〉である。中世に至るまで、一年の三分の一近くまでが祝祭日に割かれていた。おそらく、暦の改革に反対する暴動は、「失われた一一日間」に関係しているというよりも、むしろ皇帝の御用科学が、人々の自由を増大させていた暦の中のこれらの間隙を閉鎖しようと意図したことを感知したことに、より密接に関係していたのだろう――それは、クーデター、年の地図化、時間自体の没収、有機的宇宙のゼンマイ仕掛の宇宙への転換である。祝祭の死なのだ。

蜂起に加わった者たちは一様に、それが武装しての闘争、危険や危機の中であったとしても、その祝祭的な側面を指摘している。反乱とは、その暦に加えられた区間からずり落ち（あるいは消滅することを強制されれ）て、今日ではどこでもいつでも突如として出現する自由を得た収穫祭のようなものである。時間と場所から解き放たれてはいるが、それはしかし出来事の豊穣性を嗅ぎつける鼻と、〈天才の言葉〉（genius loci）への親近感とを備えている、つまりサイコトポロジーの科学は、（オカルティストの隠喩を借りれば）「力の流れ」と「力点」とを示し、それらはＴＡＺを時空的に配置し、あるいは、少なくともＴＡＺの瞬間と場への関係を定義する手助けをするものなのである。

メディアは我々を、商品とスペクタクルとがうわべだけ統一された「あなたの生活の各瞬間を、来たりて祝え」と誘うが、それは、全くの演出による有名な〈実際には起こらない出来事〉である。この我慢ならない申し出への返答として、我々には、一方では（ジョン・ゼルザン、ボブ・ブラックといったシチュアシオニストたちによって記録にとどめられた）〈拒絶〉のあらゆる形態がある――そして他方には、我々の気晴らしの自称管理人により除去され、隠蔽されてさえしまった〈祝祭の文化〉を出現させることがある。「パーティーを開く権利を求めての戦い」は、実際にはラディカルな闘争のパロディなどではなく、その新たな示威行為なのであり、それは、

ＴＶと電話とを、他の人類へ「手を差し伸べ、触れる」手段として、「そこへ行く」手段として提案する時代には、相応しいものなのだ！

パール・アンドリューズは正しかったのだ、つまり、ディナー・パーティは、既に、「古い社会の殻の中で形をとりつつある新しい社会の種子（ＩＷＷ＝世界産業労働者組合の序文）」なのである。六〇年代風の「部族集会」、エコタージュする者たち［環境保護計画を訴えるために環境を破壊するプロジェクト等を妨害する者］が森で開く秘密会議、ネオ多神教徒の牧歌的なベルテーン祝祭［ケルトの伝統に基づく祝祭、メーデーに篝火《かがりび》を焚いて踊る］、アナーキスト会議、同性愛の人たちの夢幻郷のようなサークル……ハーレムは、二〇年代風のパーティー、ナイトクラブ、晩餐会、古《いにしえ》の自由主義者のピクニックを賃貸している——我々は、これらのすべてが、既にある種の「解放されたゾーン」であること、あるいは少なくとも潜在的なＴＡＺであることを理解しなければならないだろう。ディナー・パーティのように数人の友人たちだけに門戸を開いているか、あるいはビー・インのように何千人もの参加者に開放しているかを問わず、「指図されていない」ためにパーティは常に「開かれて」いるのであって、それは計画されたものかもしれないが、もしも〈偶発する〉することがなかったならば、それは失敗なのだ。自発性の要素は大変に重要なものである。

パーティの本質はつまり、面と向かって、人間の集団が相互の欲望を実現しようとする彼らの努力を補佐することにある――それがおいしい食べ物や乾杯、ダンス、おしゃべり、生活の技術のためのものであっても、おそらくはエロティックな快楽を求めてのものでさえあっても、あるいはコミューン的アートワークを創造するため、または至福《ブリス》の忘我を達成するためのものであっても――要するに、最も簡潔な形態の（シュティルナーが書いているように）「エゴイストたちの結合体」なのである――または、クロポトキンの用語で言えば「相互扶助」への基本的な生物学的動機である（ここで我々は、バタイユの「過剰経済」と、彼のポトラッチ文化についての理論にも言及しておくべきだろう）。

三、TAZのリアリティを形作るにあたっての活力となるものは、〈心理的《サイキック》ノマディズム〉（あるいは、我々が冗談混じりで「ルートレスなコスモポリタニズム」と呼ぶもの）の概念である。この現象の局面を、ドゥルーズとガタリは『ノマドロジーと戦争機械』で、リオタールが『ドリフトワークス』［小野康夫訳『遍歴』一九九〇年、法政大学出版局］で、また様々な著者が『セミオテクスト』に納められた「オアシス」的な出版物で論じてきている。我々がここで、「都市《アーバン》のノマディズム」、「ノマドロジー」、そして「ドリフトワーク」等ではなく、「心理的ノマディズム」という言葉を用いるのは、ただ、これらすべての概念を単一の緩やかに結びつけられた複合体へと蓄積し、そして、TAZという存在しつつある灯の下で研究できるようにするためである。

「神の死」は、様々な点で「ヨーロッパ的」プロジェクト全体を場外へと退けることであるが、それは、哲学から部族の神話へ、自然科学からタオイズムへと「ルートレスに」移動することを可能とする——それぞれの小さな眼で、完全に別種の世界を見ている黄金虫のような複眼を通じて見ることを初めて可能とする——多重遠近法的なポスト・イデオロギー時代の世界観を開いた。

しかしこの視覚は、スピードと「商品のフェティシズム」とがすべての文化的な多様性と個性とを曖昧にする傾向がある、専制君主制の偽りの統一を創出した時代の内部に居住することを犠牲として成し遂げられるのであり、それゆえに「ある場所は、別の場所と同じように良い」のだ。このパラドックスは「ジプシー」を、つまり欲望や好奇心により動かされる心理的な旅行者、忠誠心の希薄な(実際には、すべての美点と活力を喪失してしまった「ヨーロッパ的プロジェクト」を裏切っている)放浪者を生み出すのであるが、彼らは、特定の時や場所には縛られておらず、変化と冒険を求め移動する……この描写は、優れたアーティストや知識人だけではなく、季節労働者、難民、いわゆる「ホームレス」、旅行者、レジャー・ヴィークルとモービル・ホームの文化にもあてはまる——決して自室から出ることなく、「ネット」を通じて「旅する」人々(あるいはソーローのような「多くの旅をした——コンコード市内で」人々)も含んでおり、そして結局は、自動車、休暇、TV、書籍、映画、電話、転職、「ライフスタイル」の転換、宗教、ダイエット等々といったものを切り抜けてきた「すべての人々」、つまり我々全員をも含むのである。

ドゥルーズとガタリが隠喩として「戦争機械」と呼ぶ〈戦術〉としての心理的ノマディズムは、そのパラドックスを受動的なものから能動的なものへ、おそらくは「暴力的な」方式へと転換するものである。「神」の最後の断末魔と死の床での喘ぎはこれまで、余りの長きに渡って続いてきたことから——例えば資本主義、ファシズム、共産主義といった形をとって——古き良き「コンセンサス」の時代に対し、ポスト・バクーニン主義かつポスト・ニーチェ主義の戦士によって、あるいは（文字どおりの「敵」の意味での）〈アパッチ〉によって決行されねばならない、数多くの「創造的破壊」が未だに存在している。これらの〈襲撃〉（razzia）を行うノマド、彼らは海賊であり、ウィルスなのであって、彼らはTAZを、つまり、砂漠の夜空の下で張られた黒色テント、秘密の隊商路沿いの隠蔽された要塞のようなオアシス、「解放された」一握りのジャングルや荒れ地、立入禁止地帯、ブラック・マーケット、そしてアングラ市場を必要とし、また欲してもいるのだ。

これらのノマドたちは不可思議な星々を頼りに彼らの進路を記すが、その星々とは、サイバースペースに輝くデータの星団かもしれないし、ことによれば幻覚なのかもしれない。国土の地図を下に置くこと、そうしたら、その上に政治的変革の地図をかさねること、さらにその上に「ネット」の地図を、特に、隠匿された情報の流れと記号論とを強調した「カウンター・ネット」の地図を置くこと——そして最後に、それらすべての上を、創造的なイマジネーション、美学、価値の、一分の一の地図で覆うこと。その合成された方眼は、エネルギーの予期せぬ小さな渦と揺らぎ、光の凝集、秘密トンネル、驚愕によって生命を吹き込まれ、生き返るのである。

ネットとウェブ
The Net and the Web

TAZの一因となっている次の要素は、非常に広範囲で曖昧であるために、それ自体に一つのセクションを割く必要がある。

我々はこれまで〈ネット〉のことを語ってきたが、それはすべての情報とコミュニケーションの転移の総体と定義できる。それらの転移のあるものは、各種のエリートたちだけが特権的に利用できるものであり、そのことが「ネット」にヒエラルヒー的な局面を与えている。その他の交流は、すべてに開かれている――それゆえ「ネット」は、水平的あるいは非ヒエラルヒー的な局面も同様に備えている。銀行業務や通貨情報といったものがそうであるように、「軍事」データと「諜報」データは部外秘である。しかし、電話、郵便システム、公共のデータ・バンクといった大部分のものは、誰にでもアクセス可能である。それゆえ〈ネット〉の〈内部〉に、〈カウンター・ネット〉の影のような性質のものが出現しつつあるのだが、それを我々は〈ウェブ〉と呼ぶことにしよう（「ネット」が漁網であるとすれば、「ウェブ」は「ネット」の網目や破れた穴に編まれた蜘蛛の巣である）。一般的に、我々は〈ウェブ〉という用語を情報交換のオールタネートで水平的な開かれた構造、非ヒエラルヒー的ネットワークを引き合いに出すために用い、そして〈カウンター・ネット〉という用語を秘密で非合法な、権力に抵抗するための「ウェブ」の使用を指すために確保しているのだが、後者には実際の情報海賊行為や、その他の形で「ネット」自体に寄生して養分を吸い取るものが含まれている。「ネット」、「ウェブ」、そして「カウンター・ネット」はすべて、同一の完全なパターンの複合体の一部分なのである――それらは、無数の接点でお互いをにじませあっている。これらの用語はその領域を定義するものではなく、その傾向を示唆するものなのだ。

〈余談だが、あなたが「ウェブ」あるいは「カウンター・ネット」をその「寄生性」のために真の革命的な力とは決してなり得ないとして糾弾する前に、この「シミュレーションの時代」にどのような「生産」が存在するかを自問してみたまえ。「生産階級」とは何であろうか？　おそらくあなたは、それらの用語がもはや意味を失ってしまっているように見えることを認めざるを得ないだろう。いずれの場合でも、そのような問に対する答えは余りに複雑なため、TAZはそれらすべてを無視し、単にそれらをどのように〈用いる〉ことができるかを取り上げる傾向にある。「文化とは我々の本性なり」——ならば我々は、「コンピュータ・テクノロジー」の世界の泥棒カササギ、あるいは狩猟者／採取者である。）

前提とされねばならないのは、非公式な「ウェブ」の現在の形態が未だ相当に原始的なことであり、つまりマージナルなジーン〔発行部数の少ない同人誌的な出版物。サイバースペース上にも存在する〕のネットワーク、BBS〔電子掲示板〕のネットワーク、略奪されたソフトウェア、ハッキング、電話盗聴があり、そして印刷物やラジオにある程度は影響していても、その他の大きなメディアにおいてはほとんど何も見られないのだ——TV局、通信衛星、光ファイバー、ケーブル等々は皆無である。しかしながら、「ネット」自体が、主体（「ユーザー」）と客体（「データ」）との間の関連を変革／進化させるパターンを提示しているのだ。これらの関連の本性は、マクルーハンからヴィリリオに至るまで徹底的に探求されてきた。今では「すべての者が知っている」ことを「証明」するためには、多くの枚数が必要となることだろう。従ってわたしは、それらをすべて再検討することよりも、むしろ、これらの進化しつつある諸関連がどのようにしてTAZに成就の様式を示唆しているかを問う方に、より関心を持つのである。

TAZは、時間の中に一時的にではあるが実際に位置を占め、そして空間においても一時的にではあるが実際に位置を占めるものである。しかし明らかに、〈「ウェブ」の中〉にも「位置を」占めねばならないし、そして、この位置とは別種のものでなければならない、つまり、実際的《アクチュアル》ではなく仮想的《ヴァーチャル》で、即時的にではなく瞬間的でなければならないのだ。「ウェブ」は、TAZを記号論理学的に支援するだけではなく、それを存在たらしめる手助けをもする、つまり遠慮なく言えば、TAZは「現実世界」においてと同様に、情報空間においても「存在」しているのである。「ウェブ」は、データのように、膨大な時間を凝縮して微小な「空間」にすることができる。我々は、それが一時的であるという理由から、TAZが必然的に〈継続〉と多少なりとも確定された〈場所〉とを経験する自由の利点のいくつかを欠いていることに注目してきた。しかし「ウェブ」は、それら時間的継続と場所のあるものの一種の代用となるものを供給することができる——それはTAZに、その発端から、これまで「詳細に論じ」られてきた膨大な量の凝縮された時間と空間とを、データとして〈告げる〉ことができるのである。

「ウェブ」が進化しつつあるこの瞬間、我々の「他者と向き合うこと」への、肉欲的なものへの欲求を考えるとき、我々は「ウェブ」というものを、まず第一に、一つのTAZから別のTAZへと情報を伝達できるもの、そして状況がそれを求めた時には、TAZを保護したり、それを「不可視」とするかまたは歯を与えることができる一つの保護システムと見なさねばならない。だが、それだけではないのであって、つまり、もしTAZがノマドの野営地であるとすれば、ウェブの助力は、その部族に彼らの叙事詩、歌、系譜、そして伝説を供給し、彼らに部族の経済の流通経路を作り上げる秘密の隊商のルートと急襲の手がかりを与えるものであり、さらにそれは、彼らがまさに辿らねばならないいくつかの道筋を、彼らがお告げや予兆として経験しなければならない夢のいくつかを〈含んで〉さえもいるものなのだ。

「ウェブ」は、その存在をどのようなコンピュータ・テクノロジーにも依存してはいない。口頭、郵便、マージナルなジーンのネットワーク、「フォーン・ツリー」といったもので既に、いわゆる情報のウェブワークを構築するには充分なのだ。鍵は、それに含まれる技術のブランドや水準ではなく、その構造の開放性と水平性である。それにも関わらず、「ネット」の全体の概念は、コンピュータの使用を〈包含〉している。SFの空想の中では、「ネット」は（『トロン』あるいは『ニューロマンサー』におけるように）「サイバースペース」の状態へと、そして「ヴァーチャル・リアリティー」の偽テレパシーへと向けて進んでいる。サイバーパンクのファンの一人として、わたしはTAZの創造において大役を演じる「リアリティー・ハッキング」を心に描かないわけにはいかない。ギブソンやスターリングと同様、わたしも公式の「ネット」が「ウェブ」あるいは「カウンター・ネット」を決して締め出すことはできないだろう、と推測している――データの略奪、海賊放送、そして自由な情報の流通が凍結されることなど決してありはしないだろう、と。（事実、わたしが理解しているところによれば、カオス理論は万能の「操作システム」など存在し得ないと〈予言している〉のである。）

しかしながら、未来に関するすべての単なる空論はさておいて、我々は「ウェブ」とそれが備えるテクノロジーについての非常にシリアスな問題に直面しなければならない。TAZは何よりもまず、〈[メディアによる]媒介〉を避け、その存在を〈直接的なもの＝媒介されないもの〉として経験することを欲する。その行動の本質は、イスラム教神秘主義者の言うところの「胸と胸を合わせる」こと、つまり面と向かうことである。しかし、しかし、しかし！！！「ウェブ」の本質は、[メディアによる]媒介に他ならないのである。ここにあるコンピュータは我々の大使である――肉体は、その用語のすべての不吉なコノテーションと共に、〈終端末《ターミナル》〉として以外は有効ではないのだ。

TAZにとっては、おそらくは、「ハイテク」とそれが極限まで推し進められたものである「ネット」に対する二つの一見矛盾した態度でその頭を包み込むことにより、それ自身の空間を見出すことが最良であるかもしれない。①我々が〈第五階級〉／「ネオ旧石器時代的」な「ポスト・シチュアシオニスト主義」の「急進的環境保護論的」な立場と呼んでもよいもの、それは自らを、[メディアによる]媒介と「ネット」に反対するラッダイト的主張と見なすものである。そして②は、「ネット」を進化の一段階であると考える、[メディアによる]媒介の起こり得るすべての弊害は克服できると見なす、サイバーパンクの理想論者、未来自由意志論者、「リアリティのハッカー」、そして彼らの連合体――少なくとも我々はかつて、生産の手段を解放したことがあるのだから。

TAZがハッカーに同意するのは――部分的には――「ネット」を通じ、そして「ネット」による媒介を通じてでも実在したいと望んでいることからである。しかしTAZが環境保護論者たちにも賛同するのは、〈身体〉として自分自身を強烈に意識し続けており、即時性とシミュレーションを通じてその身体を超越する試みである〈サイバー・グノーシス主義〉に向けられた革命だけを手探りしているからである。TAZは、「テクノロジー」／「反テクノロジー」という二分法を誤解と見なす傾向にあるが、それは、ほとんどの二分法と同様に、そこでは明らかに正反対であるものが曲解の産物であること、セマンティックによって引き起こされる幻覚ですらあることが判明するからである。これは、TAZがもう一つの世界の、つまり、やがては絵に描いた餅となる他はない（あるいは〈アリス〉が言ったように「昨日のジャムと明日のジャムはあっても、今日ジャムがあったためしはない」）偽りの統一（〈すべて〉が環境保護論者あるいは〈すべて〉が軍拡論者）から生まれた架空の世界の理念にではなく、〈この世界〉にこそ生きたいと望んでいることを現わす、一つの方法である。

TAZは、日常生活の〈強度化〉、あるいは、シュールレアリストが言っていたのだと思うが、「すばらしいもの《マーヴェラス》」による生活の貫通を〈画策している〉という意味においては「理想主義者《ユートピアン》」である。しかし、その実際の言葉通りの意味での「理想主義者」ではありえない、なぜならユートピアは〈どこにも存在せず〉、「場所のない場所」であるのだから。だが、〈TAZはどこかに存在している〉。それは、地形、風景、大気の流れ、水、そして動物といった、一見無関係なそれらの断片に精通した者の目には見える不可思議な結界が交差する地点に生ずる異教的パワー・スポットと同様に、多くの力の交点に位置しているのである。しかし今、それらの線のすべてが、時間と空間とに刻み込まれているわけではない。おそらくその線のあるものは、たとえそれらが現実の時間と場所と交差しているにしても、ただ「ウェブ」の「中に」のみ存在するのである。おそらくその線のあるものは、それらを計測する何ものも存在しないという意味では「通常ではない」ものである。これらの線は、社会学や統計学、経済学等々によってではなく、カオスの科学の光の下で研究される方がよいのかもしれない。TAZを存在させている力のパターンは、言うならば諸次元の〈あいだに〉存在しているそれらのカオス的な「ストレンジ・アトラクター」と共通した何かを備えているのだ。

TAZはその本性から、それ自身を実現するために利用できるすべての手段をつかんで放さない——洞窟の中であろうと、あるいは「ラグランジェ第五点にある宇宙都市」の中であろうと、それは生命を得るだろう——しかしとりわけ重要なことは、それが生きるであろうこと、それもこの今、あるいは可及的速やかに、たとえどんなに怪しげでがたがたの形をとったとしても、自発的に、イデオロギーあるいは反イデオロギーとも無関係に生きるであろう、ということなのだ。それは、コンピュータが存在しているためにコンピュータを用いることだろうが、あまりに完全に孤立やシミュレーションとは無関係であるために、ある種の心理的な〈旧石器時代主義〉をTAZに保証している力をも用いることであろう。それは、「ネット」それ自体さえも「感染」させるであろう原始的で呪術的な精神（わたしが読んだところでは、それこそがサイバーパンクの真の意味なのだ）である。TAZは単に〈生き残ること《サヴァイヴィング》〉（八〇年代の泣き言めいた決まり文句）であるというよりも、いわゆる強度化、余剰、過剰、ポトラッチ、生きることで自らを消費する生命なのであり、それは「テクノロジー」によっても、あるいは「反テクノロジー」によっても定義されることがない。それは、ホブゴブリンを本当に嫌悪している者のように自己矛盾しているのだが、なぜならそれは、「完全であること」を断念するという犠牲を、そして動かし難い目的をも諦めるという犠牲をいくら払わねばならないとしても、自身を存在させることを望んでいるからなのだ。

マンデルブロー集合と、それがコンピュータ・グラフィックスで描き出されたものの中に――フラクタルな宇宙の中に――我々は、地図の中の地図の中の……というコンピュータの計算能力の限界に埋め込まれた、実際には隠匿されている地図を見る。ある意味ではフラクタルな次元と一分の一の関係を持っているこの地図は、何の〈ための〉ものなのであろうか？　そのサイケデリックな優美さを賞賛する以外に、それで何ができるのであろうか？

もし仮に、我々が〈情報の地図〉――「ネット」をそのままカルトグラフィー的に投影したもの――を想像するとしたら、我々は、カオスの性質をそれに含めねばならないだろうが、それらは既に、例えば複雑でパラレルな加工処理の過程、テレコミュニケーション、電子的「マネー」の移動、ウィルス、ゲリラ的ハッキング等といったものにおいて顕在化し始めている。

カオスのこれらの「領域」のそれぞれは、マンデルブロー集合に類似したトポグラフによっても表現され得るかもしれないが、それは、その地図の内部に「紛争地帯」が埋め込まれている、あるいは隠されているためである——しかし、それらが「消滅」したかのように見えるためである。このような「書き込み」——あるものは姿を隠し、あるものは目立たないようにする——は、それによって「ネット」が既にその信用を傷つけられ、それ自身の視力にとって不完全なものとなり、究極的には「操作不能」となるまさにその過程を表現している。他の言葉で言えば、マンデルブロー集合、あるいはそれに類似した何かは、カオス的過程としての、プリゴジンの用語で言えば「創造的発展」としての「カウンター・ネット」の出現の（その言葉のすべての意味で）「プロッティング」において、有効であると証明されるのかもしれない。マンデルブロー集合は、〈情報の消失〉としての「ネット」へのTAZのインターフェースの「地図作製」のための、一つの〈隠喩〉として役立つに他ならない。「ネット」におけるすべての「カタストロフ」は、「ウェブ」のための、「カウンター・ネット」のための力の原点である。「ネット」がカオスによってその力を損なわれる一方で、「ウェブ」はそれをむさぼって成長することだろう。

単純なデータ海賊行為を通じ、あるいはカオスと実際に一体となったより複雑な発展を通じてであれ、「ウェブハッカー」、すなわちTAZのサイバネティックを担う者は、「ネット」における混乱、クラッシュ、故障を利用する諸方法（情報を「エントロピー」の手の届かないものとする諸方法）を見いだすことだろう。ブリコラージュする者、情報の破片の廃品回収業者、密輸業者、恐喝者、そしておそらくはサイバーテロリストとしてさえ、「TAZのハッカー」は秘密のフラクタルなコネクションの発展のために働くことだろう。これらのコネクションと、その内部や間隙を流れる〈異なった〉情報は、TAZそれ自体が生成しつつあるもののために、「電力＝権力の出口」を形作ることだろう――あたかも、スクウォッターたちの廃屋に灯をともすためには、誰かがエネルギーの独占企業から電力を盗まなければならないかのように。

それゆえ「ウェブ」は、TAZを助長する状況を作り出すため「ネット」に寄生するだろう――しかし我々はこの戦略を、オールタナティヴで自律した「ネット」、つまり「自由」であってもはや寄生体質ではない「ネット」の構築へと向けた試みと見なすこともできるのであり、それは「古い殻を破って生まれ出る新しい社会」の基礎として奉仕するだろう。「カウンター・ネット」とTAZは、実際はそれだけで目的と見なされ得る――しかし理論的には、それらは異なったリアリティを求めての闘いの形態とも見なされ得るのである。

このように語った後でも、我々はなお、コンピュータについてのある懸念、特に「パーソナル・コンピュータ」についての未だ答えられていないいくつかの疑問を表明しなければならない。

電子《エレクトロ》デモクラシーにおけるBBSやその他の多くの実験といったコンピュータ・ネットワークの歴史は、今までその大部分が〈ホビーイズム〉のひとつであった。多くのアナーキストや自由意志論者《リベルタリアン》は、パソコンを解放と自己解放の武器として深く信仰している——しかし、示せるような現実的な成果はなく、明白な自由も獲得していない。

わたしは、自営の情報／言語加工者という新興の起業家階級が、各種の企業や官僚組織のためにすぐに大規模な家内工業または断片的な単純作業を営めるようになる、という仮定にはほとんど興味を持たない。その上、この「階級」がその〈下部〉階級を作り出すであろうと予測するのに超能力など必要ない——それは、一種のルンペン的なヤッピーの労働者階級であって、つまり、例えば主婦であれば、自分の家を電子的な搾取工場、つまりコンピュータ・ネットワークを「ボス」とする小さく過酷な「労働」の専制国家と変えることにより、その家庭に「二次収入」をもたらすことだろう。

また、わたしは今日の「ラディカルな」ネットワークによって提供される情報やサービスといったものから、感銘を受けたことがない。どこかに——そう言われているのだが——「情報経済」なるものが存在するという。多分そうなのだろうが、「オールタナティヴな」BBSをあいだにやり取りされる情報は、無駄話やいらいらするような会話がそのすべてのように思える。それがいわゆる経済なのだろうか？　熱狂者《エンスージアスト》の単なる暇潰しではないのか？　いいだろう、パソコンはそれ以外にもう一つの「印刷革命」を成し遂げた——いいだろう、マージナルなウェブワークが進化しつつある——いいだろう、わたしは一度に、六回線の電話で会話を続けることができるだろう。しかし、わたしのいつもの暮らしに、これがどんな違いをもたらしたのだろうか?

率直に言えば、わたしは既に自分の感覚を豊かにしてくれる豊富なデータを備えており、それは書籍、映画、テレビ、劇場、電話、米国郵便、意識の変容した領域等々によるものである。わたしは本当に、それ以上のそのようなデータを得るためにパソコンを必要としているのだろうか? あなたは、わたしに〈秘密の〉情報を提供すると申し出るのか? うん……わたしは多分、気をそそられることだろう——しかし、わたしが欲しいのは〈すばらしい《マーヴェラスな》〉秘密なのであって、ただの電話帳に載っていない電話番号とか、警官や政治家たちの噂話ではない。とりわけわたしは、〈本当に良いもの〉と結び付いた情報を提供してくれるコンピュータが欲しい——「生活における良いもの」とIWW=世界産業労働者組合の前文が記しているようにな。そしてここで、わたしがハッカーやBBSする人たちをその腹立たしい知的な不確実性のために批判しているからには、わたしは自分を「理論と批評」のバロック的な雲から引き下ろし、「本当に良いもの」という言葉でわたしが何を表しているのかを説明しなければならない。

例えばわたしは、政治的、個人的理由のために、わたしが資本主義から得るものよりましな、良い食べ物を欲している――強烈だが自然な芳香で未だに祝福されている、汚染されていない食べ物である。ゲームを込み入らせるために、わたしが切望する食べ物が違法であるとしよう――未消毒のミルクもおそらくそうだし、あるいは美味しいキューバ産の果物〈マミー〉もそうだが、それは種子に幻覚作用がある（というより、わたしはそのように言われた）ために、生ではアメリカに輸入できない。だが、わたしは農業家ではないのだ。わたしが珍しい香水や媚薬の輸入業者であると仮定し、さらに、その在庫のほとんどが違法であると仮定することで、このゲームの性格をはっきりさせてみよう。あるいは、わたしはただ、有機栽培の「蕪《カブ》」と文書作成の設備を交換したいだけで、国税庁にその取引を報告することを拒否している（信じられないかもしれないが、法がそのように求めている）のかもしれない。または、わたしが他の人間たちと、相互の快楽を目的とした合意の上での、しかしながら違法な行為のために接触しようとする、ということにしてもよい（これは実際に試みられてきたが、しかしすべてのハード・セックスBBSは潰されてしまった――〈お粗末なセキュリティ〉のアンダーグラウンドが何の役に立つ?）。要するに、わたしが単なる情報、コンピュータの中のまぼろし《ゴースト》に飽き飽きしていると仮定すること。あなたによれば、コンピュータは既に、食べ物、ドラッグ、セックス、脱税へのわたしの欲望を助けてくれることにかけては極めて有用であるはずだ。とすれば、何が問題なのだろうか？　なぜ、そうはなっていないのだろう?

TAZはコンピュータとともに、あるいはコンピュータを伴わずに起こったし、起こりつつあり、これからも起こるだろう。しかし、TAZがその完全な潜在力へと到達するためには、自然発生的な騒乱の問題よりも、「ネットの中の島々」の問題の方がより重要とされなければならない。「ネット」、むしろ「カウンター・ネット」は、TAZの積分の側面の保証を想定しているが、それは、その力を何倍にもするであろう加法であり、複雑さと重要性における「一大飛躍」（この表現が〈大〉変化を意味するようになったのは奇妙なことだ）である。TAZは今、純粋な空間の世界の中に、つまり意識の世界の中に存在しなければならない。意識下であっても、束の間であっても、TAZはその冒険を（その「ハプニング」を）成就するため、その宿命をぎりぎりまで追い求めるため、それ自身を自身の生成物で飽和させるため、情報と欲望とを結合させなければならないのである。

　おそらく、我々の目的が実現される以前に、孤立と「メディアによる」媒介のすべての形態が破壊、あるいは放棄されねばならない、とネオ旧石器学派が断言する時、彼らは正しいのであろう――あるいは、未来学的自由意志論者《リベルタリアン》のある者が言い切るように、真のアナーキーは「大気圏外空間」でのみ実現され得るのであろう。だが、TAZは、自身の「過去」にも「未来」にも、それほど興味がないのだ。TAZが興味をもつのは結果であり、コンセンサスのリアリティへの上首尾の急襲であり、より強烈で豊かな生活へと突破してゆくことなのである。もし、コンピュータがこのプロジェクトで無用であるなら、コンピュータは克服されねばならないだろう。しかしわたしの直観的洞察によれば、「カウンター・ネット」は既に出現しつつあり、おそらくは既に存在している――だが、わたしにはそれを証明できない。わたしのTAZ理論は、その大部分をこの直観的洞察に拠ってきた。もちろん「ウェブ」は、地下出版物やブラック・マーケット等といった、コンピュータに依存しない交換のネットワークを含んでいる――しかし、非ヒエラルヒー的な情報のネットワークを張ることの最高の潜在力は、最も優れたツールとしてのコンピュータへと理論的に導かれる。今、わたしは、わたしが正しいこと、そしてわたしの直観が正当であることを証明してくれるハッカーの出現を待ちわびている。わたしの「蕪《カブ》」の在処を教えてくれるハッカーを。

「クロアタンへと去りぬ」
"Gone to Croatan"

我々には、TAZを定義しようとか、あるいはそれがどのようにして創造され〈ねばならない〉かについてのドグマを精妙に作り上げようという欲望はない。我々の主張はむしろ、TAZ

はこれまで創造されてきたし、将来も創造されるであろうし、また、今も創造されつつある、ということにある。それゆえ、過去と現在におけるTAZのいくつかを観察し、未来におけるその出現を推測する方がより有益で興味深いであろうし、いくつかのプロトタイプを引合いに出すことで、我々は文化複合の潜在的領域を計測し、またおそらくは、その「原型」というものを垣間みることができるかもしれない。それゆえ、どんな種類の百科全書主義を試みるよりも、きわめて気ままに一六世紀から一七世紀、そして新世界の植民地から始まる散弾銃の盲撃ちの技術、つまり一瞥のモザイクを採用することにしよう。

「新」世界の幕開けは、その端緒から一人の〈オカルティストの計画〉であったと見なされていた。エリザベス一世の心霊的助言者であった魔術師ジョン・ディーは、「魔術的帝国主義」の概念を生み出し、その世代全体をそれによって染め上げていたように見える。リチャード・ハクルートとウォルター・ローリーがその呪縛の虜となり、ローリーは、さらなる探検、植民地化、そして地図作成のために、「夜の学派《スクール・オヴ・ナイト》」――進歩した思索人、高級官僚、そして熱烈な信者の秘密結社――との関わりを用いた。シェイクスピアの『嵐《テンペスト》』は、その新しいイデオロギーのプロパガンダ作品であり、そして英国による初めてのアメリカ植民地であるロワノウク・コロニーは、その最初の公開実験であった。

「新世界」の錬金術的考察は、「新世界」を〈第一質料〉(materia prima)あるいは〈質料《ヒュレ》〉に結び付けて考えていたが、それは「自然の状態」であり、無垢とすべての可能性（「処女の地域 Virgin - ia」）であり、信奉者が「黄金」へ、つまり物質的豊富さと〈同様に〉心霊的な完全性へと変容させるはずの、カオスあるいは未完成性であった。

しかし、この錬金術的ビジョンは、未完成に対する実際の誘惑、それに向けられた密やかな共感、そして、中心に「インディアン」のシンボルを掲げたその形態なき形態を切望する感情によってでも部分的に特徴づけられていた。インディアンとは、自然の状態〈の中にいる〉、未だ「管理」によって堕落させられていない「人間」である。「野性の人」であるキャリバンは、「オカルト帝国主義」の機構の核心にウィルスのように突き立てられており、そして森林／獣／人間たちは、マージナルで忌み嫌われ、放逐された魔術の力を、その始源から身に帯びているのである。一方ではキャリバンは醜く、そして「自然」は「寂しい荒野」である——他方では、キャリバンは高貴で鎖に繋がれておらず、「自然」は楽園《エデン》の地である。ヨーロッパ的意識におけるこの分裂は、「ロマン主義」／「古典主義」という二分法に遡ることができるし、その起源をルネサンス時代の「高等魔術」に置いている。アメリカ（エルドラド、「青春の泉」）の発見がその分裂を具体化し、そしてそれは、植民地化のための実際の計画のうちに凝結したのであった。

我々は小学校で、ロワノウクの最初の開拓地は失敗した、と教わった。植民者たちは姿を消し、その後にはただ、「クロアタンへと去りぬ」という謎めいたメッセージだけが残されていたのだ、と。その後もたらされた「灰色の眼をしたインディアンたち」という報告は、伝説にすぎないと片付けられた。この事件の真相は、教科書がほのめかすところによると、インディアンが無防備の植民者たちを虐殺した、ということであった。しかし、「クロアタン」とは黄金郷ではなく、それは友好的な近隣のインディアンの部族名だったのである。明らかにその入植地は、単に海岸部からディズマル大湿地へと後退し、その部族に吸収されてしまったのだ。そして、灰色の瞳のインディアンは実在のものであった――彼らは〈未だそこに〉いるし、そして未だに自らをクロアタンと呼んでいる。

つまり――「新世界」での最初の植民地は、プロスペロー（あるいはディー／ローリー／「帝国」）との契約を破棄することを選択し、キャリバンとともに「野性の人々」へと身を投じたのである。彼らはドロップ・アウトしたのだ。彼らは「インディアン」となり、「ネイティヴとなり」、ロンドンの金権政治家と知識人の奴隷というおぞましい苦痛を脱し、カオスを選び択ったのである。

かつて「海亀島」があったところにアメリカが出現しても、クロアタンはその集団の心理に埋め込まれたままであった。フロンティアを超えた外部では、「自然の状態」（言い換えれば「国家」が存在しないところ）が未だ優勢であった――入植者の意識の内には、常にその野性という選択肢が、そして、「教会」を、農場仕事を、読み書きを、税金を――文明のすべての重責を

——捨て去りたいという欲望が——そして様々な意味で、「クロアタンへ行く」ということが潜んでいたのである。さらに、まずクロムウェルと王政復古によって英国での「革命」が裏切られたときに、プロテスタントの急進派の波が「新世界」（今や〈牢獄〉、〈流刑〉の地と化していた）へと逃れた、あるいは移入された。信仰至上主義者、愛の家族教徒、さまようクェーカー教徒、水平派、真性平等派、そして原始メソジスト教徒の人々は、今や野性のオカルト的な暗部を紹介され、そして、それに応じて殺到したのであった。

アン・ハッチンスンと彼女の友人たちは、ただ最も良く知られた（すなわち最も上流の階級の）信仰至上主義者であったにすぎない——ベイ・コロニーの政治に巻き込まれるという悪運を備えてはいたが——しかし、この運動のさらにラディカルな勢力も確かに存在していた。ホーソンの「メリーマウント入植地の五月祭の柱」に関する小説が歴史的であるのは明白であり、明らかに過激派はキリスト教をそっくりそのまま放棄し、異教へ帰属することを決意していたのである。もし、彼らがインディアンの盟友たちとの同化に成功していたなら、その結果は、信仰至上主義／ケルト／アルゴンキン系部族的な要素が入り交じった宗教であったであろうし、一種の一七世紀北アメリカの〈サンテリア教〉であったことであろう。

分離派教会信徒たちは、カリブ地域におけるよりルーズでより堕落した当時の政権のもとでなら一層栄えることができたであろうが、そこでは多くの島々が、ライヴァルであったヨーロッパ諸国の興味を惹かないまま、請求されもしないで残されていた。特に、バルバドスとジャマイカは大勢の過激派によって入植されてもしかるべきであったし、わたしは、水平派と原始メソジスト教徒の影響が南海の海賊バッカニアにトルトゥガの地の「ユートピア」をもたらした、と信じる。ここにおいて初めて、エスケメリングのおかげで〔ジョン・エスケメリング、石島晴夫編訳『カリブの海賊』一九八三年、誠文堂新光社を参照〕、我々はある程度深く、「新世界」において成功した原始的なTAZについて学ぶことができる。奴隷制、農奴制、人種差別、そして不寛容といった帝国主義の忌まわしい「恩恵」から、軍隊への強制徴募やプランテーションの生きる屍のような生活から身を避けたバッカニアたちは、インディアンの方法を取り入れ、異教徒のカリブ人と婚姻を結び、黒人とスペイン人も等しく受け入れ、すべての国籍を拒否し、彼らの船長を民主的に選挙で選び、そして「自然の状態」へと帰依したのである。彼ら自身は「全世界と戦争状態にある」と宣言していたが、彼らはあまりに人類平等主義的であったため、全員で一〇とすれば船長は通常一・二五あるいは一・五しか取らないという「協定」と呼ばれる相互契約のもとに、略奪の旅に船出した。鞭打ちと刑罰は禁じられていた——喧嘩は、投票や決闘の掟で鎮められた。

歴史家のある者が行ったように、海賊に単なる海の追い剝ぎ、あるいは原始的資本主義者という烙印を押すことはまったくの誤りである。ある意味では彼らは「社会の敵」であったが、とは言え、彼らを支えたコミュニティは伝統的な農民社会ではなく、殆どが未知の世界における無から創造された「ユートピア」、地図上の空白の空間を占拠していた完全な自由をもった小領域であった。トルトゥガの没落の後、バッカニアの理想は海賊の「黄金時代」(一六六〇~一七二〇年頃)を通じても生き残り、それはバッカニアによって創設された植民地、例えばベリーズにおいて結実した。そして、マダガスカルへと眼を転じれば——この島は、まだどの帝国権力によっても求められてはおらず、それぞれが海賊との同盟を望んでいた土着の王たち(酋長)によって細切れに治められていた——ここにおいて、「海賊のユートピア」はその最高の形態へと到達したのであった。

デフォーがミッション船長とリベルタティアの創設について著したものはおそらく、歴史家のある者が言うように、急進的ホイッグ党の理論のプロパガンダを意図した文学的捏造なのであろう——だがそれは、大部分が今でも事実であり、正確であると思われている『海賊全史』(一七二四~二八年)にも取り入れられている。さらにミッション船長の物語は、その本が出版されたときに年老いたマダガスカルの船員たちが大勢存命中であったにも関わらず、何の批判もなされなかった。〈彼らは〉それを信じていたのであろう、なぜなら彼らは、疑いもなく、海賊の小領域をリベルタティアに酷似したものとして経験していたからである。くどいようだが、解放された奴隷、土着民、そしてポルトガル人のような昔からの敵国人でさえ、平等の待遇で参加を誘われていたのだ(奴隷船の解放は彼らの最も重要な仕事であった)。土地は共有され、彼らの代表は短い任期で選任され、略奪物は分配された。そして、自由の原則は『コモン・センス』のそれよりも、はるかにラディカルに説かれていたのである。

リベルタティアは持ちこたえることを望まれ、ミッション船長はその防戦のうちに命を落とす。しかし、海賊のユートピアの大部分は一時的なものである定めにあった、つまり実際には海賊たちの真の「共和国」とは彼らの船であったのだが、それは「年季契約」で航行していたのである。陸上の小領域には法は通常存在しなかった。最後の古典的な例として、バハマのナッソー、バラックとテントの建つこの海岸の盛り場は、酒と女（そしておそらく少年——バージの『男色と海賊行為』から判断すると）、唄（海賊は過度に音楽を好んでいたし、航海を通じて楽団を雇うのが常だった）のためのものであり、そしてまったく卑劣にも、英国海軍が湾に現れた時には一夜にしてその姿を消した。黒髭船長、「キャラコのジャック」ラカムとその女海賊の乗組員たちは、より未開の海岸部とむごい運命へと乗り出して行き、一方他の者たちは、屈辱のうちに特赦を得て改心した。しかし、バッカニアの伝統は持ちこたえたのである、海賊の血筋を受け継いた混血児たちが彼ら自身の王国を創り出し始めていたマダガスカルでも、そして、黒人／白人／赤色人種の混血と同様に、逃亡奴隷たちが「マルーン」として山地や奥地で栄えることのできた西インド諸島においても。ジャマイカにおけるマルーンのコミュニティは、ゾラ・ニール・ハーストンが一九二〇年代にそこを訪れた時にも（『テル・マイ・ホース』を参照）、相当大きな自律と多くの古い習俗とを保持していた。スリナムのマルーンでは、未だにアフリカ的「異教信奉」が実践されている。

一八世紀を通じて北アメリカは、数多くのドロップアウトした「三つの人種による孤立したコミュニティ」をも産みだした。(この臨床的に響く用語は優生学運動によりもたらされたが、この学問はこれらのコミュニティに関する科学的研究を最初になしたものである。だが不幸なことに、この「科学的」とは、単に人種差別的な「雑種」と貧しい人への嫌悪に対する口実として役立ったに過ぎず、そして「問題の解決」とは通常、強制的不妊手術であった。) そのコミュニティの核心には、常に、逃亡奴隷と農奴、「罪人」(つまり非常に貧しい者)、「売女」(すなわち非白人と結婚した白人女性)、そして多くの土着部族の構成員がいた。ある場合には、セミノール族やチェロキー族のような伝統的な部族構造が新参者を吸収し、他の場合には新しい部族が形作られた。それゆえ我々は、一八世紀と一九世紀を通じて生き残り、逃亡奴隷を受け入れ、「逃亡経路」として機能し、そして奴隷の反乱のための宗教的・イデオロギー的な中心地として機能していた、ディズマル大湿地のマルーンを取り上げるのである。その宗教はヴードゥー教、つまりアフリカ、土着、そしてキリスト教の各要素の混合物であり、歴史家であるH・リーミング＝ベイによれば、その宗教の長老たちとディズマル大湿地のマルーンの指導者たちは、「天高く輝ける七本指の者たち」として知られていた。

ニュージャージー州北部のラマポゥ山地の混血の人々（誤って「ジャクソン・ホワイト」として知られる）は、もう一つのロマンティックで原型的な系図を見せてくれるが、それはすなわち、オランダの腰抜け共から解放された奴隷、デラウェア族とアルゴンキン族の様々な氏族、お決まりの「売女たち」、「傭兵たち」（英国の金で雇われたが逃亡したごろつきのためのキャッチフレーズ、落ちこぼれた愛国主義者等々）、そして、クローディアス・スミスのそれのような社会の敵である土着のバンドである。

アフリカ＝イスラム的起源は、モールルズ・オヴ・デラウェアやベン・イシュメイルズといったいくつかの団体によって主張されているが、彼らは一八世紀中葉、ケンタッキーからオハイオへと移民したものである。イシュメイルズは一夫多妻制を実践し、決して飲酒することなく、吟遊楽人として生計を立て、インディアンと異人種間の婚姻を結び、彼らの習俗を受け入れ、そして、あまりにノマディズムに入れ込んでいたために車輪付きの家を建てたほどであった。彼らの年毎の移動は、フロンティアを三角測量し、メッカやメディナといった名前をつけるものだった。一九世紀には、彼らのある者はアナーキズムの理想を信奉しており、そのために彼らは優生論者による根絶という救済の特に悪徳な組織的虐殺の標的とされた。初期の優生論的法律のいくつかは、彼らを想定して議会を通過したのであった。部族としての彼らは一九二〇年代に「消滅」したが、しかしおそらく、モーリッシュ・サイエンス・テンプルのような初期の「ブラック・イスラム」

のセクトの地位を高めたのである。

わたし自身は、ニュージャージーのパイン・バレンズ近郊の「カリカク家」の伝説を耳にして成長した（それにもちろんラヴクラフトについても。彼は孤立したコミュニティに魅了された、狂信的な人種差別論者であった）。この伝説は結局、優生論者による誹謗中傷の民間伝承であることが判明しているが、彼らの米国での司令部はニュージャージーのヴァインランドであり、彼らはバレンズにおける「異種族混交」と「低能」に対するお決まりの「矯正」を請け負っていたのである（これはカリカク家の写真集の刊行も含むが、その写真は、彼らを誤った交配による怪物のように見せるための粗雑で一目でわかる加筆訂正が施されている）。

これらの「孤立したコミュニティ」——少なくとも二〇世紀までそのアイデンティティーを保っていたもの——は一貫して、文化の主流にも、近代の社会学者が彼らを分類しようとしている黒人の「サブカルチャー」にも吸収されることを拒み続けている。一九七〇年代、ネイティヴ・アメリカン復権運動に触発されて、それらの集団のいくつか——モールやラマポゥ山地の混血の人々を含む——は、〈インディアンの部族〉としての承認を求めてインディアン局に申請した。しかし彼らは、ネイティヴの活動家たちの援助は受けたが、公的な身分の認知は拒絶された。もし彼らが勝利していたら、結局のところは「白人のペヨーテ教信者」やヒッピーに始まって、ブラック・ナショナリスト、ナチスを信奉する非ユダヤ系白人、アナーキスト、そして自由主義論者たちまでの、あらゆる種類のドロップアウトした人々のための危険な判例となっていたことだろう──すべての人のための〈居留地〉である！　「ヨーロッパ的プロジェクト」は、「野性の人」の存在を理解し得ない──緑のカオスは、秩序の帝国主義的な夢にとっては未だに充分に脅威なのである。

本質的には、モールとラマポゥ山地の混血の人々は、インディアンの養子縁組の「神話」に基づく「共時的な」自己アイデンティティの方を好み、彼らの起源の「通時的」、あるいは歴史的な解釈を拒絶した。別の言い方をすれば、〈彼らは自身を「インディアン」と名付けた〉のである。もし、「インディアンになりたい」と望む人が誰でも、それを自己命名の行為によって成し遂げることができるとしたら、どのようなクロアタンへの出発が起こるかを想像してみるといい。昔のオカルトの影は、未だに我々の森の切れ端に付きまとっているのだ（ところでそれは、広大な農業用地が雑木林へと戻る形で、一八世紀から一九世紀にかけて北東部で著しく増加した。ソーローはその死の床で、「……インディアン……森……」の帰還の夢をみた。つまり、抑圧されたものの回帰である）。

モールとラマポゥの人々は、もちろん、彼ら自身をインディアンと考えるに足る唯物論的な理由を備えている──結局、彼らはインディアンの祖先を持っているのだから──しかし我々が彼らの自己命名を、歴史的期間においてと同様に「神話性」において見るとき、我々のＴＡＺ探求とのさらなる関連を学ぶことであろう。部族社会においては、人類学者のあるものが〈マンネンブンデン〉と呼ぶものが存在しているが、それはつまり、変身行為、トーテムである動物(人狼、ジャガーの神官、豹男、猫女等々)と〈なる〉行為において「自然」と一体化するためのトーテム的社会である。完全な植民地社会の文脈においては(タウシッグが『シャーマニズム、植民地主義、野性の人』の中で指摘しているように)、その変身の力は、総括的にはネイティヴな文化に固有なものと考えられている――それゆえ、社会の最も抑圧された領域が、そのオカルト的知識の神話を通じてパラドックス的な力を得るのであり、それは入植者から恐れられ、渇望されるのである。もちろんネイティヴたちはある種のオカルトの知識を実際に備えているのだが、ネイティヴ文化を「超自然的な野性/原野」の一種とする「帝国的」な認知に対応して、ネイティヴたちはさらに一層その役割の内に自らを自覚するようになる。彼らがまさにマージナルなものとされるとき、その〈縁《マージン》〉が魔術のアウラをまとうのだ。白人が訪れる以前、彼らは単に人々の部族であった――しかし、今や彼らは「自然の守護者」であり、「自然の状態」の住人である。最後には、植民者自身がこの「神話」によって堕落させられることとなる。アメリカ人がドロップアウトしたい、あるいは自然に還りたいときはいつでも、彼は常に「インディアンになる」。ボストン茶会事件を組織し、政府を廃止できると(バークシャー地域全体が「自然の状態」にあると宣言したことがある!)心から信じていたマサチューセッツ州の急進的民主主義者たち(急進的新教徒の精神的末裔たち）は、彼ら自身を「モホーク族」と偽っていた。このように突然、母なる大地と向かいあうマージナルなものとして自身を捉え、マージナルなものにされたネイティヴとしての役割を受け入れた入植者は、それによって（ある意味では）彼らのオカルトの力を、神話的な光輝を共有することを望んでいたのである。「山の人々」からボーイスカウトにいたるまで、この「インディアンになる」という夢は、アメリカの歴史、文化、そして意識の無数のより糸の下に流れている。

「三人種混合」集団と結びつけらた性的なイメージも、この仮説を裏書きする。「ネイティヴたち」は、もちろん通常は不道徳である、しかし、人種的背教者やドロップアウトたちは、紛れもなくポリモーファスな倒錯でなければならない。バッカニアは男色者であり、マルーンと「山の人々」は異種族混交であり、そして「ジューク家とカリカク家」は姦淫と近親相姦に耽り（その結果、多指症のような奇形となり）、その子供たちは裸でそこら中を走り回り、人の前でマスターベートする等々。「自然の状態」への回帰は、パラドックス的にすべての「〈不〉自然な」行為の実践を許されているかのように見えるが、それは、我々が清教徒と優生論者を信じるときにそのように思われるのだ。そして、抑圧されモラリスティックで人種差別論者の社会に暮らす多くの人々がまさにこれらの淫らな行為を欲しているために、彼らはそれらを外部のマージナルなものとされた人々へと投影し、それによって、彼ら自身が未だ文明人であり、純血であることを自身に確信させるのである。そして実際、マージナルなものとされたコミュニティのあるものは、本当にそんなコンセンサスの道徳性を拒絶している――海賊は確かにそうした！――そして、疑いもなく、文明の抑圧された欲望のいくつかをやり遂げる。（あなたはそうしないのですか？）「野性」となることは、通常はエロティックな行為であり、むき出しの行為なのである。

「隔離された三人種集団」という主題を終える前に、わたしはニーチェの「人種混交」への熱狂を回想したいと思う。混血文化の活発さと美に感動した彼は、人種問題に対する解答としてではなく、民族の、そして国家の狂信的愛国主義から自由となった新しいヒューマニティーのための原則としても、異種族混交を提唱した――おそらく、「心理的ノマド」の先駆者である。ニーチェの夢は、それが彼を訪れたときと同様、未だはるか彼方にあるように見える。よろしい、狂信的愛国主義は未だに支配的である。混合文化は隠蔽されたままである。しかし、ニーチェが「消滅としての力への意志」と呼んでいたであろうものの徴候としての、バッカニアの、マルーンの、イシュメイルズの、モールの、ラマポゥの、そして「カリカク家」の自律ゾーンは、あるいは彼らの物語は存続しているのである。我々はこの主題に立ち返ってこなければならない。

組織原理としての音楽
Music as an Organizational Principle

しかしここで我々は、TAZの概念の光のもとで古典的なアナーキズムの歴史を振り返ることにする。

「地図の閉鎖」以前に、甚だしく多量の反権威主義的なエネルギーが、『モダン・タイムズ』のような「現実逃避者」のコミューン、数々のファランステールといったものへと注ぎ込まれていた。興味深いことに、それらのうちのいくつかは、「永遠に」にではなく、ただそのプロジェクトが完了したと証明されるまで持ちこたえることを意図されていた。「社会主義者／空想的社会改良論者《ユートピアン》」の基準ではこれらの試みは「失敗」であったので、我々がそれらについて知ることはほとんどない。

フロンティアを越えての逃避が不可能だと証明されたとき、革命的な都市コミューンの時代がヨーロッパで始まった。パリ、リヨン、マルセイユのコミューンは、永続性の特質を帯びるほど長くは存続しなかったし、そのような意図があったのかには疑わしいものがある。我々からみた場合のそれらの魅力の要点は、それらコミューンの〈精神〉である。その数年を通じ、そしてその後もアナーキストたちは、蜂起から蜂起へと漂い流れながら、彼らの内部に蜂起の瞬間に体験した精神の強烈さを保持することを期待しつつ、革命的なノマディズムの実践を継続した。事実、シュティルナー主義／ニーチェ主義のアナーキストたちのある者は、この活動がそれ自体で一つの目的であり、〈常に一つの自律ゾーンを占拠する〉一方法であり、戦争と革命の勃発の最中に開花する緩衝地帯と見なすに至っていた(同様のものに、トマス・ピンチョンの『重力の虹』〔越川芳明訳、一九九三年国書刊行会〕における「ゾーン」がある)。彼らは、もしいかなる社会主義的革命が〈成就した〉としても、それに刃向かう最初の者となるつもりだ、と宣言した。普遍的なアナーキーに到達するまで、彼らには立ち止まるつもりなどなかったのである。一九一七年のロシアで、彼らは自由ソヴィエトを喜び迎えた。つまり、〈これが〉彼らのゴールであったからである。しかし、ボルシェビキが「革命」を裏切るや否や、個人主義的アナーキストたちは闘争に逆行する最初の者たちとなった。クロンシュタットの事件の後では、もちろん、〈すべての〉アナーキストが「ソヴィエト連邦」(用語的に一つの自己矛盾)を糾弾し、そして新たなる蜂起を捜し求めてその先へと進んだのであった。

マフノのウクライナとアナーキストのスペインは〈持続〉を意図しており、継続的な戦争という緊急事態にも関わらず両者はある程度それに成功した。それはつまり、彼らがいわゆる「長期間」持ちこたえたということではなく、彼らは上首尾に組織されていたので、外部の侵略がなければやり通していいただろう、ということである。それゆえ戦争中に行われた諸実験の中から、かわりにわたしは無鉄砲なフィウーメ共和国へと専ら心を振り向けるのだが、その共和国とはもっと知名度が低く、そして持ちこたえるには向いて〈いなかった〉ものだった。

デカダン派の詩人にして芸術家、音楽家、美学者、女たらし、飛行家の向こう見ずな先駆者、黒魔術師、天才にしてごろつきであったガブリエル・ダンヌンツィオは、その指揮下の少数の軍隊、すなわち「決死隊《アルディーチ》」を率いる英雄として、第一次世界大戦で頭角をあらわした。冒険を求める余り、彼はユーゴスラヴィアからフィウーメの街を攻略し、イタリアへ〈献上する〉ことを決心した。ヴェニスの共同墓地に埋葬されていた彼の女主人との降霊占いの後で、彼はフィウーメ征服の途につき、とりたてて言うほどの困難にも遭わずにそれに成功した。しかし、イタリアは彼の気前の良い申し出を却下した——首相は、彼を馬鹿者と呼んだのである。

その仕打ちにむっとして、ダンヌンツィオは独立を宣言することを決意し、どのくらいの期間にわたってやり通せるか見てやろうと心に決めた。彼とアナーキストの友人の一人が憲法を起草したが、それは、〈音楽がこの国家の大原則でなければならない〉と宣言するものであった。その国の海軍（脱艦兵と、ミラノのアナーキストで沿海州出身の統一主義者たちから成っていた）は〈ウスコック人〉を自称したが、この大昔に消滅した海賊たちは、かつて沖合いの偏狭な島々に暮らし、ヴェニスとオスマン・トルコの通運を襲っていた。この近代のウスコック人たちはいくつかの乱暴な大当たりを勝ち得た。すなわち、何隻かの裕福なイタリア商人の船が突然、共和国の前途を照らし出したのだ。その金庫の中の金によって！　芸術家、ボヘミアン、冒険家、アナーキスト（ダンヌンツィオはマラテスタに相当する）、逃亡者と「国を持たない難民」、同性愛者、めかしたてた軍人（その軍服は黒地に髑髏と交差した骨の海賊のしるし——後にナチの親衛隊によって模倣された）、そしてあらゆる型の活発な改革者たち（仏教徒、神智論者、ヴェーダンタ哲学の徒も含む）は、群をなしてフィウーメに姿を見せ始めた。パーティーが果てることは決してなかった。毎朝ダンヌンツィオは、バルコニーから詩とマニフェストを読み上げ、そして夜はと言えばコンサート、それから花火であった。これがこの政府の活動のすべてだった。一八カ月後、ワインと資金が底をつき、そして〈ようやく〉イタリア艦隊が姿を現して「町役場」に何発か大砲をお見舞いしたときには、誰にも抵抗するエネルギーは残っていなかった。

　ダンヌンツィオは、多くのイタリア人アナーキストと同様、後にファシズムへと傾倒した——事実、ムッソリーニ（元サンディカリスト）自身が、そのようにこの詩人を堕落させたのである。ダンヌンツィオが自らの誤りに気づいたときにはもう遅かった、つまり年老い、病んでいたのである。だがいずれにしろ、この元首《イル・ドゥーチェ》はダンヌンツィオを殺していただろう——バルコニーを取り外していたことだろう——そして、彼を「殉教者」としたことだろう。フィウーメに関しては、自由ウクライナやバルセロナの備えていた〈真面目さ〉を欠いてはいたが、我々の探求のある局面についてより多くのことを教えてくれるに違いない。それはいくつかの意味で、海賊のユートピア（あるいは単なるその近代の例）の終焉であった――その他の意味においては、おそらくそれは、最初の近代的ＴＡＺに非常に近いものであった。

もしも我々が、フィウーメを一九六八年のパリ蜂起と（そして七〇年代初頭のイタリアでの都市蜂起と）そしてアメリカのカウンターカルチャーのコミューンとそれらのアナルコ・ニューレフト勢力と比較するなら、いくつかの類似点に気付くだろうとわたしは信じるのだが、それは例えば、美学的理論の重要性（シチュアシオニストと比較せよ）――社会的な過剰生産の余剰の徴用による「海賊の経済学」と呼ばれるべきもの――加えて、華美な軍服の流行――そして革命的な社会変革としての〈音楽〉の概念――そして最後には、彼らが分かち合う非永遠性の雰囲気であり、前進や変身、そして他の宇宙系や山頂やゲットー、工場、アジト、放棄された農場への――あるいは、現実のその他の局面への――移動に対して、準備が整っているという雰囲気である。フィウーメ、パリ、そしてミルブルックでは、新たな「革命の独裁政権」を強要しようと試みた者などはいなかった。世界は変わるかも知れないし、そうではないかも知れない。であるならば、移動し続け、〈激しく生きよ〉。

一九一九年のミュンヘン・ソヴィエト（または「評議会共和国《カウンシル・リパブリック》」）は、ＴＡＺの要素のいくつかを示していたが、それにも関わらず——多くの革命と同様に——その当初の目標は、正確に言えば「一時的」ではなかった。グスタフ・ランダウアーの文化大臣としての参加に加えて、経済大臣としてジルフィオ・ゲゼル、詩人にして劇作家のエーリッヒ・ミューザムやエルンスト・トラー、レト・マルート（小説家B・トラーヴェン）その他の反権威主義者と過激な自由意志論の社会主義者が参画したことは、このソヴィエトにはっきりとアナーキスト的な香りを与えていた。ニーチェ、プルードン、クロポトキン、シュティルナー、マイスター・エックハルト、過激な神秘主義者たち、そしてロマンティックな〈民族派〉哲学者たちをジンテーゼするという多大な作業に何年もの間孤独に従事していたランダウアーには、当初から、このソヴィエトは救いようがないことがわかっていた。彼が望んだのは、ただ、それが〈理解される〉に足るだけ持ちこたえれば、ということだった。このソヴィエトの創始者で、殉教する定めにあったクルト・アイスナーは、詩人と詩こそが革命の基礎を築かねばならないということを、文字どおりに信じていた。計画は、バヴァリア地方の大部分をアナーキズム的社会主義経済とその共同体における実験に捧げることから開始された。ランダウアーは、「フリースクール」のシステムと「人民劇場」の提案を起草した。このソヴィエトへの援助は、多かれ少なかれミュンヘン近隣の最も貧しい労働者階級とボヘミアンからのもの、そして、ワンダーフォーゲル（新ロマン主義的青年運動）、ユダヤ人の過激派（ブーバーのような）、表現主義者、そしてその他のマージナルな人々からのものに限られていた。それゆえ歴史家は、それを「コーヒー店の共和国」として片づけ、戦後のドイツにおける（いくつかの）革命へのマルクス主義者やスパルタクス団員の参加と比較して、その意義を過小評価している。共産主義者の罠にはめられ、実際にオカルト／ファシスト的なツーレ・ソサエティに感化された兵士たちによって殺害されはしたが、ランダウアーは聖人として記憶されるに値する。それにも関わらず、今日のアナーキストたちは彼を「社会主義者政権」へ「寝返った」と誤解し、非難している。もし、このソヴィエトが一年でも持ちこたえていたら、我々はその美しさに涙していたことだろう——だが、その春の最初の花が萎れる前に、その〈精神《ガイスト》〉と詩の魂は粉砕され、そして我々は忘れてしまった。想像してみたまえ——文化大臣が、学校で学ぶ子供たちはすぐにウォルト・ホイットマン［一八一九～九二、アメリカの詩人。代表作『草の葉』］の著作を暗記してしまうだろう、と予言したばかりの都市の大気を吸ったならばどんなであったかを。タイムマシンを求めての嘆息……

消滅としての権力への意志
The Will to Power as Disappearance

フーコー、ボードリヤールらは、「消滅」の数多くの様式に非常に詳細な論議を加えてきている。ここでわたしは、TAZがいくつかの意味で、一つの〈消滅の戦術〉なのではないかと提唱したいと思う。

「理論家」が「社会的なもの」の消滅について語るとき、彼らは、一つには「社会革命」が不可能であること、そして一つには「国家」――権力の深淵、権力のディスクールの目的――が存在し得ないことを意味している。その場合にアナーキストが問うのは、次のことであろう――なぜ、既にすべての意義を失い、まったくの「シミュレーション」と化している「権力」に立ち向かうのに〈思い悩む〉のか？　このような対峙は、すべての武器貯蔵庫と監獄の鍵を受け継いでいる空っぽ頭に糞が詰まった者たちによる、危険で醜い暴力の衝動へと帰するだけであろう。（おそらくこれは、高尚で精緻な「フランス=ドイツ理論」の生硬でアメリカ的な誤解なのであろう。だとしても、それで結構。〈理解〉と口にしたものは誰であれ、一つの理念を利用する必要があったのでは？）

わたしが読んだところによれば、我々の時代にとって消滅は非常に論理的でラディカルな選択肢なのであり、決してラディカルなプロジェクトのための不幸や殉死ではないように思われる。病的で死を愛好する虚無的な「理論」の解釈とは異なり、わたしのそれは、常に進展しつつある「日常生活の革命」における有用な諸戦略の〈ために〉その理論を〈利用〉することを意図するものである。すなわち、それは政治的あるいは社会革命の最終的な失敗をもってしても中断することのできない闘いであって、なぜなら世界の終末以外の何ものも、日常生活に向けられた欲求、〈良いもの〉や「すばらしいもの《マーヴェラス》」に対する我々の欲求を終わらせることができないからである。そしてニーチェが語ったように、もし世界が破滅〈できる〉とすれば、理論的にはそれはとっくにそうしていただろう。だが、そうなっていないということは、世界は破滅〈しない〉のである。そしてそれゆえ、あるイスラム教神秘主義者が語ったように、禁断の酒をいくらたくさん飲んだところで、我々は永遠性に対するこのすさまじい渇きを覚え続けることだろう。

ゼルザンとブラックは個々に、ある「拒絶の諸原理」（ゼルザンの用語）を書き留めているが、それはおそらく、部分的には無意識で部分的には意識的な、ようやく現れた消滅のラディカルな文化の前兆としてどうにか見なせるものであろうし、どんな左派やアナーキストの〈理念〉よりも更に多くの人々に影響を与えるものである。それらの身振りは制度に〈対抗して〉なされるものであり、その意味でそれらは「ネガティヴ」である——しかし、これらのネガティヴな身振りはそれぞれ、忌み嫌われた制度を単に拒絶するだけではなく、むしろそれに取ってかわる「ポジティヴ」な戦術を提案してくれてもいるのだ。

例えば、〈学校教育〉に対抗するネガティヴな身振りは、「自発的な無（識）字」である。社会を改善するための読み書きへのリベラルな信仰を共有していないために、わたしはこの現象の周辺のあらゆるところで聞かれる嘆息を分かち合うことはまったくできない、つまりわたしは、つまらない本の内容を拒絶すると同様に、本それ自体をも拒絶してしまう子供たちに共感を覚えるのだ。しかしここに、同じ消滅のエネルギーを利用するもう一つのポジティヴでオールタナティヴなものがある。家庭内での教育と工房での徒弟制度は、無断欠席と同様に結果的には学校の牢獄へ参加しないことである。そしてハッキングは、「不可視性」のある要素を備えた「教育」の別の形態である。

政治に対抗する大衆規模のネガティヴな身振りは、単に投票しないことからなる。「無関心」（つまらない「スペクタクル」への健全な退屈）は、国民の半数以上に投票を留保させているが、アナーキズムがそれほど大きな成果をあげたことなどはないのだ！（またアナーキズムは近年の「国勢調査」の失敗にも何等寄与してはいない。）さらに、それに匹敵するポジティヴなものがある。すなわち、政治に対する一つのオールタナティヴなものとしての「ネットワーキング」

が社会の様々な階層で実践され、そして非ヒエラルヒー的組織はアナーキスト運動の外部でさえ一般的となっているが、それは、簡単にそれが〈効果的〉だからである。(アクト・アップ、、、、とアース・ファースト！　はその二つの例である。匿名アルコール中毒者協会は、奇妙な話だが別ものである。)

〈労働〉の拒否は、計画的欠勤、仕事中の酩酊、サボタージュ、そしてまったく不注意でいることという形をとることができる——しかしそれは、謀反の新しい様式を引き起こすこともできる。それはすなわち、自営業者の増加と、福祉詐欺やその他の犯罪の選択肢、マリファナ栽培等々といった、「闇」経済と「闇の仕事」(lavaro nero)への参加である——すべての、多かれ少なかれ「統計にあらわれない」活動は、ゼネストのような伝統的レフティストの闘争戦術に匹敵するものである。

〈教会〉の拒否？　ここでの「ネガティヴな身振り」はおそらく……TVを観ることだろう。だが、そのポジティヴでオールタナティヴなものは、あらゆる種類の非権威主義的なスピリチュアリティーの形態を含むものであり、それは「教会化されていない」キリスト教信仰から新異教主義にまで及ぶものである。わたしが好んでそう呼ぶところの「自由宗教」——ディスコルディア主義とアナーキズム的タオイズムの影響を受けた、小規模で、自己創造的で、真面目半分／面白半分の諸カルト——は、マージナルなアメリカのすべての場所で発見できるものであるし、主流派教会、ＴＶ伝道の偽善者、そしてニューエイジの退屈や消費主義といったものの外部に、発展しつつある「第四の道」を提供するものである。また、正教信奉の拒絶の主要なものは、ニーチェ主義者の言う意味での「個人の道徳性」の構築から成ると言えるだろうが、つまりそれは「自由な精神」のスピリチュアリティーの構築である。

〈家《ホーム》〉のネガティヴな拒否は「家を持たないこと《ホームレスネス》」であり、大部分の人々はそれを犠牲に供されることの一形態と考え、ノマドロジーを〈強制〉されたいとは望んでいない。しかし「家を持たないこと」は、ある意味である種の美徳、冒険ともなり得る——であればこそ少なくとも、巨大な全世界規模のスクウォッターたちの、我々現代の放浪者の運動が発生するのだ。

〈家族《ファミリー》〉のネガティヴな拒否は明らかに離婚であり、あるいはその他の「故障」の症候である。そのポジティヴでオールタナティヴなものは、核家族がなければ生活がより幸福になり得ることの理解から生じるが、その結果、百の花々が咲き乱れるのだ——片親である家庭から集団婚、エロティックな類縁団体にいたるまで。「ヨーロッパ的プロジェクト」は、「家族」を護って後衛での大戦闘を演じている——エディプス・コンプレックス的な苦痛が「操作」の中枢に存在しているのだ。オールタナティヴなものは存在する——しかし、それらは隠蔽されたままでなければならない、とりわけ、八〇年代と九〇年代の「セックス」に対する「戦争」以降は。

〈アート〉の拒否とは何か？　その「ネガティヴな身振り」は、「アート・ストライキ」の愚かなニヒリズムや、有名な絵画から顔を背ける行為の中には見い出すことができないだろう——それはまさに、その言葉をしばしば口にする人々の大多数に忍び寄る、ほとんど普遍的などんよりした眼の退屈さの中に見られるべきものである。では、「ポジティヴな身振り」とは何から成るのか？　政治／社会問題に積極的に〈関与《アンガージュ》〉しようとはせず、「歴史」から、そして「市場」からも自身を消去する美学を想像することが、はたして可能なのだろうか？　あるいは、少なくともそのような〈傾向にある〉美学は？　何が、表象＝再現前を〈現前〉と置き換えることを望むのだろう？　どのようにして現前は、それ自身を表象＝再現前の中に（あるいは、それを通じて）感じさせているのだろう？

「カオス言語学」は、言語と意味のシステムのあらゆる管理からとめどなく消滅してゆく現前を追跡するが、それはいわゆるつかみ所のない実在、束の間のもの、ラティーフ（「精緻なもの」、イスラム教神秘主義の錬金術用語）である——その周囲に、新たでそして自然発生的な秩序をカオス的に形成しつつ、「不思議な目を惹くもの」がまさに芽生えるのだ。ここで我々は、カオスと秩序との間の境界地帯——縁《マージン》、システムの崩壊が啓蒙と等しくあり得る「カタストロフ」地帯——の美学を手に入れる。（註：カオス言語学の解説として補遺Aを参照のこと。その後にこの節を再読願いたい。）

アーティストの消滅とは、シチュアシオニストの用語である「アートの抑圧と現実化《リアリゼーション》」に他、ならない。しかし、果たしてどこから我々は消え失せるのか？　そのうえ、我々はこれまで、再度見られたり、聞かれたりしたことがあったのだろうか？　我々はクロアタンへとおもむく――我々の運命はいかに？　我々のアートはすべて、歴史へ向けられた遺書である――「クロアタンへと去りぬ」――だが、それは何処にあって、我々はそこで何を〈する〉のであろうか？

　第一。我々はここで、世界とその未来から文字通り消滅することについて語っているのではない――時間を遡って旧石器時代の「原始のレジャー社会」へと逃げることはできない――永遠のユートピア、山中の隠れ家、島はなく、そして「革命」の後にユートピアはない――多分、「革命」も存在しないのだ！　――同様にVONU〔威圧的な政治に屈することなく、そこから逃れて自分自身の人生を送る、という生き方〕も、アナーキストの「宇宙ステーション」もない――また我々は、反語的な超三次元的相似の沈黙への「ボードリヤール主義的な消滅」を受け入れることはできない。わたしは、彼らが見いだせるものがどんなアビシニア〔ランボーは詩作を放棄してアビシニア、今のエチオピアへと向かった〕であるにしても、そのために「アート」を免除されているどのようなランボーたちとも口論したりはしない。そして我々には、〈決して戻ってはこない〉単純な行為についての美学を構築することはできないし、その消滅の美学さえも構築することができない。自分たちがアヴァンギャルドではなく、アヴァンギャルドは存在しないと言うことにより、我々は自らの「クロアタンへと去りぬ」を著した――ここに問が生ずる。それは、どのようにしてクロアタンにおける「日常生活」を心に描くことができるのだろうか？　特に、もし我々が、クロアタンが「時間」の中（石器時代あるいは「革命後」）あるいは「空間」に、ユートピアとして、ある忘れ去られた中西部の街として、あるいはアビシニアとして存在しているとは言えないならば？　［メディアによって］媒介されない創造性の世界は、いつ、そしてどこにあるのだろうか？　もしそれが存在〈できる〉ならば、それは本当に存在〈する〉——しかしおそらく、我々が今まで知覚することを習わなかったオールタナティヴなリアリティの一種として、存在するのである。どこで我々は探し求めればよいのだろうか？　種を——我々の歩道を割って生える雑草の——この異世界から我々の世界へと伸びる雑草の種を？　その手がかりを、捜索の正しい方向を？　そして、月を指し示す指を？

わたしが信じている、あるいは少なくとも提案したいことは、「アート」の「抑圧と現実化《リアリゼーション》」に対する唯一の解決がTAZの出現にある、ということである。わたしは断固として、たとえそれが華麗な装飾をいくらかまとっているとしても、TAZ自身がいわゆるアート作品「にしかすぎない」というような批判は拒否したい。わたしはTAZこそが、アートに創造的活動の純粋な喜びのために、そして、TAZに凝集して現れることを許容する力への実際的な貢献として発生することを許す、唯一可能な「時間」と「空間」である、と主張したいのである。

「アートの世界」における「アート」は一つの商品となってしまっているが、しかしより深いところには、〈表象＝再現前〉自体の問題が、そして〈「メディアによる」媒介〉の断固とした拒絶が存在している。TAZにおいては、商品としてのアートはすなわち不可能となり、そのかわり、アートは生活の必要条件の一つとなるであろう。「メディアによる」媒介を克服することは困難だが、しかし、アーティストとアートの「ユーザー」との間の障壁を取り除くことは、結果的に（A・K・コーマラスワミが記したように）「アーティストとは特殊な人ではない、だが、すべての人は特別な種類のアーティストなのである」という条件に導かれるだろう。

まとめてみよう。消滅は必ずしも「破局」ではない――「突然のトポロジカルな変化」の数学的意味におけるそれを除いては。ここで描かれたすべての〈ポジティヴな身振り〉は、伝統的な革命的対立にではなく、むしろ不可視性の多様な段階に関連するものであるように思える。「ニュー・レフト」は、自身を『イヴニング・ニュース』に発見するまで決して自らの存在を信じない。対照的に「新しい自律《ニュー・オートノミー》」は、それとは逆に、メディアに潜入し、「それを」内部から覆す――さもなければ決して「見え」ないであろう。TAZは、「操作」を超越したところにだけではなく、定義を超えたところ、奴隷とする行為としての凝視や命名を超越したところ、「国家」の理解を超えたところ、「国家」の〈視る〉力を超越したところにも、存在しているのである。

情報のバビロンの中のネズミの巣
Ratholes in the Babylon of Information

意識的でラディカルな戦術としてのTAZは、ある諸条件の下に出現する。一、心理学的な解放。それは我々が、自由が単なる可能的ではなく〈現実的〉であるような時間と空間を理解する（現実的にする）のでなければならない、ということである。我々は、どのような方法で自分たちが現に抑圧されているかを、そしてどのような方法で我々が自己を抑制し、〈諸思想〉が我々を抑圧している白昼夢へと陥れられているのかを知らねばならない。例えば労働は、わたしたちの大多数にとって、立法政治以上にはるかに実際的な苦痛の根元である。孤立はわたしたちにとり、歯抜けで時代遅れで瀕死の諸イデオロギーよりもはるかに危険なものである。「諸思想」への心的依存――それは、実際には我々の憤りの単なる投影であり、犠牲に供されることを知覚することと判明している――は、もはや我々のプロジェクトでは決してありえない。TAZは、我々の子どもの子どもがほんの少しは自由な空気を吸えるであろう我々の生活を犠牲にしなければならないような、絵に描いた餅的な「社会主義的ユートピア」めいたものの前触れなどではないのだ。TAZは我々の現実の自律の場面でなければならないが、しかしそれは、我々が既に我々自身を自由な存在であると知っている、という条件でのみ存在可能なものである。

二、〈カウンターネット〉は拡張しなければならない。現在、それは現実性よりも抽象概念を色濃く反映するものである。ジーンとBBSは情報を交換しており、そのことはTAZに必要な下地の一部である、がしかし、その情報のほんの一部しか自律した生活に必要なものやサービスの形成に関与していないのである。我々はサイバースペースに暮らしているのではなく、我々がそうしているのだと夢見ることは、サイバーグノーシス主義への堕落であり、身体の偽りの超越なのだ。TAZはフィジカルな空間であり、そして我々はその中にいたり、いなかったりする。すべての感覚が含まれておらねばならないのである。「ウェブ」はいくつかの意味で新しい感覚のようなものであるが、しかしそれは、その他の感覚に〈加算〉されねばならない——神秘的なトランス状態の恐ろしいパロディでのように、その他のものがそれによって引き算されてはならないのである。「ウェブ」がなければ、TAZ複合体の完全な実現は不可能であろう。しかし「ウェブ」はそれ自体が目的ではない。武器なのである。

三、「操作」の政治機構——「国家」——は、溶解し続け、同時に硬直し続けねばならない(あるいは我々はそう推測しなければならない)し、理性を失った硬直性が虚無を、権力の深淵をさらに覆いつつあるという現在の進路を歩み続けねばならない。権力が「消滅する」時には、我々の力への意志もまた、消滅しなければならない。

我々は既に、TAZが「単に」アート作品として考察され得るか否か、という問を取り上げた。しかしあなたは、それが「情報のバビロン」における貧弱なネズミの巣以上のものか否か、あるいはむしろ、無限に連結された、海賊的寄生主義の経済的な袋小路のためだけに捧げられたトンネルの迷路なのかを知りたいと思うだろう。それに対してわたしは、籠の中のネズミであるよりは、壁に囲われたネズミでいたいものだ、と答えるだろう――しかしわたしは、TAZはこれらの分類を超越するとも主張するだろう。

TAZが成功裏に〈根を降ろす〉ことができた世界は、P．M．によってその空想小説『ボロ・ボロ』に描かれた世界になぞらえることができるだろう。おそらくTAZは、「原始的な〈ボロ〉」なのであろう。しかしTAZが〈今〉存在しているということは、それは否定性の世界、あるいはカウンター・カルチャー的なドロップ・アウト主義以上のものなのだ。我々は既に、短くはあっても「操作されておらず」、自発的な自己命令を厳守する瞬間の〈祝祭的〉局面に言及した。それは「直観的真実の把握的なもの」であり――個人的規模と同様、社会的規模においても一つの至高体験なのである。

解放は、闘争の〈中で〉実現される――これがニーチェの「自己超越」の要旨である。現在の論点も同様に、ニーチェの『漂泊』（Wanderung）から受けるものが大きい。それは、シチュアシオニストのいう〈デリーヴ〉（dérive）の意味で、またリオタールの〈ドリフトワーク〉（driftwork）の意味で、〈漂流〉の先駆である。我々は新しい地形の全体を予測することができるが、それは、神聖な遺跡が至高体験とTAZによって置き換えられた一種の巡礼地図である。すなわちそれは、サイコトポグラフィーの〈現実の〉科学であり、「自律の地理学《ジオ＝オートノミー》」あるいは「アナーキー占い」とでも呼ばれるべきものであろう。

TAZは一種の〈獣性〉を含んでいるが、それは服従から野（未開）性への成長であり、前進でもある「回帰」である。それはまた、カオスの「ヨガ」を求めるが、それは複雑なダイナミズムの波面、「カオスの波面をサーフィンすること」によってアプローチ可能な、〈意識の、あるいは単に生活の〉「より高度な」階層のプロジェクトである。TAZは、間断なく上昇する、野性的で紳士的な、一つの生活の技術である——それは、強姦者ではなく誘惑者であり、血塗れの海賊というよりは密輸業者であり、終末論者ではなく踊り手なのだ。

我々が、短い一夜ではあっても満たされた欲望の共和国というものが達成されていたようなパーティーに出席したことがあることを認めようではないか。その夜の政策は、言うならば米政府のすべてのそれよりも我々にとってはよりリアルで、力を備えるものであることは、告白しない方が良いのだろうか？　これまでに言及したいくつかの「パーティー」は、二～三〈年〉は持ちこたえていた。それは、想像する価値がある何かであろうか、闘い取るに価する何かであろうか？　不可視性、〈ウェブワーキング〉、そして心理的ノマディズムを研究しよう——そして我々が何を成し遂げられるのかを、誰が知るだろうか？

——一九九〇年、春分の日に

補遺A. カオス言語学
Appendix A. Chaos Linguistics

未だ学問ではなく提案であるが、言語学におけるある種の問題は、言語を複雑でダイナミックなシステム、あるいは「カオスの分野」と見なすことによって解決できるかも知れない。ソシュールの言語学に対するあらゆる反応のうち、ここでは二点に注目したい。その最初のものは「反言語学」(antilinguistics)であり、それは——近代において——ランボーのアビシニアへの出立に端を発し、ニーチェの「文法を備えている限りにおいて、我々は未だ神を葬ってはいない」へ、ダダへ、コージブスキー〔一八七九〜一九五〇、アメリカの科学者、一般意味論(general semantics)の創始者〕の「地図は領土ではない」へ、バロウズのカット=アップと「「灰色の空間」へ突き抜けろ」へ、ゼルザンの表象=再現前と媒介=メディア化としての言語に対する攻撃へと、その跡を辿ることができるものである。

第二に、「普遍文法」(universal grammer)とその系統図を信奉する「チョムスキー派の言語学」は、(わたしの信ずるところによれば)「隠された不変のもの」を発見することによって言語を「救済」しようと試みるものであって、それはある種の科学者たちが量子力学の「不条理」から物理学を「救済」しようとしていることとほぼ同じようなことである。アナーキストとしてのチョムスキーはニヒリストに味方することを期待されていたかも知れないが、その実彼の美しい理論は、アナーキズムよりもプラトニズムやイスラム教神秘主義との共通点が多い。伝統的な形而上学は、言語を原型の色ガラスを通過して輝く純粋な光として描写しているが、チョムスキーは「生成」文法について語っている。言葉は葉であり、小枝はセンテンス、母国語は太い枝、語族は幹であって、そしてその根は「天国」に……あるいはDNAにあるのだ。わたしはこれを「錬金術的メタ言語学」(hermetalinguistics)と名付ける――錬金術的にして形而上学的なものである。ニヒリズム(あるいはバロウズに敬意を表して「ヘヴィメタ言語学」)はわたしには、言語を袋小路に追い込み、それを「不可能」とすると脅かしているように見える(偉業ではあるが、しかし気の重いものである)――一方、チョムスキーは最期の瞬間の保証と希望とを差し出しているが、わたしにはそれらは等しく受け入れ難い。わたしも言語を「救済」したいとは思うが、それはどんな「お化け」に頼るものであってはならないし、神、賽子、そして「宇宙」に関する想像上のルールを伴うものでもないのである。

ソシュールに、ラテン詩歌におけるアナグラムに関するその死後に出版された彼のノートに戻る時、シーニュ/シニフィエの力学からどうにかして逃れ得るプロセスのヒントが見い出される。

ソシュールは、「外部」から絶対的な規範として強制されたというより、むしろ言語の〈内部において〉派生するある種の「メタ」言語学を示唆するものに直面していたのである。彼が試みた語呂合わせ的《アクロスティック》［各行の頭あるいは末尾の文字を並べると、別の意味を持ったセンテンスになるもの］な詩の中でのように、言語が遊び始めた途端、それは自己増殖的な複雑さと共鳴するように見える。ソシュールはアナグラムを定量しようとしたが、彼の形象《フィギュール》は彼から遠ざかるばかりであった（あたかも非線形の方程式が関与していたかのように）。また、彼はアナグラムを〈あらゆるところに、ラテン語の散文にさえも見い出し始めた。彼は、自分が幻覚を見ているのではないかと疑い始めた――あるいは、アナグラムは〈パロール〉の本質的で無意識のプロセスなのではないか、と。彼はそのプロジェクトを放棄した。

わたしは思う。もし、充分な量のこの種のデータがコンピュータを通じて複雑なやり方で処理されたなら、複雑な力学システムの用語で言語を設計することが可能となるのではないのだろうか、と。文法は、そこにおいては「生成」ではなくなるであろうが、しかし、プリゴジーンのいう「創造的進化」という意味において、それは同時的に進化している「より高次の秩序」としてのカオスから浮上し始めるのではないか。文法は「不思議な目を惹くもの」と見なされ得るかも知れないが、それはアナグラムを「引き起こした」隠されたパターンのようなものである――それらのパターンは「リアル」ではあるが、それらが明示する副次的パターンの用語においてのみ、

「存在」してきたものである。もし、〈意味〉が判然としないのであれば、恐らくは意識それ自体が、それゆえ言語も〈フラクタル〉であるからであろう。

私は、反言語学かチョムスキー主義のいずれかよりも、この理論の方がより確実にアナーキー的であることを発見した。それは、言語が表象＝再現前と媒介＝メディア化による伝達とを凌駕し得ることを暗示しているのだが、それは生成であるからではなく、〈なぜならカオスであるから〉である。またそれは、サウンド・ポエトリー、ジェスチャー、カット＝アップ、ビースト・ランゲージ等々におけるあらゆるダダイスト的な試み（ファイヤアーベントは、彼の科学的認識論の学派を「アナーキスト・ダダ」と表現している）が、意味の発見や破壊を指向したものではなく、意味の〈創造〉を目指したものであったことを暗示している。ニヒリズムは陰鬱に、言語が「恣意的に」意味を創造すると指摘する。「カオス言語学」はそれに喜んで同意するが、しかし、言語は言語を超越し得ると、そして、言語はセマンティックな抑圧的な力の混乱と崩壊から自由を創造することができると、つけ加えるのである。

補遺B．応用快楽説
Appendix B. Applied Hedonics

　ボノ団は菜食主義者で、水しか飲まなかった。彼らは悲惨な（しかし個性的な）最期を迎えた。野菜と水、それ自体はすばらしいものだ――純粋な禅も確かにそうである――だがそれらは殉教としてではなく、直感的真実把握として消費されるべきものであろう。ラディカルな習慣としての自己否定、平等主義者の推進力、千年王国主義者の陰鬱さの趣向――そして左派におけるこの流れは、ネオ清教徒的ファンダメンタリズムと我々のこの一〇年間におけるモラル的な反動と、歴史的な源泉を分かち合うものである。「新しい禁欲」は、たとえそれが拒食症の健康マニア、酷薄そうな唇をした警察の社会学者、ダウンタウンの真っ直ぐなニヒリスト、アメリカ南部のファシスト・バプテスト派信者、社会主義者の殺し屋、ドラッグ解禁主義の共和党員等々のどれによって実践されても……すべての場合において、その動機となる力は同じなのだ。すなわち、〈憤り〉である。

　同時代の偽善的な無感覚症に直面した我々は、悪しき意識への抵抗を続けながらもなおパーティーを催すすべを知っていた祖先や英雄たちのギャラリーを構築することだろう。彼らとはつまり、守護神的な遺伝子供給源（gene pool）、希少で定義困難なカテゴリー、「真理」のためだけではなく〈快楽の真理〉のための寛容な心、思慮深くはあるがしらけてはいない者たちなのであって、彼らの快活な気質が、彼らをして愚鈍にではなく鋭敏に、そして苦しむ者ではなく才気縦横な者としているのだ。丈夫な胃袋を備えたニーチェのような人物を想像すること。気の抜けた「エピキュリアン」でも、傲慢な「放蕩者」でもないのである。それは一種の精神的快楽主義であり、実際の「快楽の道程」であり、高貴にして〈実質可能な〉良い暮らしのヴィジョンなのであって、リアリティの格調高い有り余る豊かさという意味に根ざしたものなのである。

コラーサーンのシェイク・アブ・サイード
シャルル・フーリエ
ブリア＝サヴァラン
ラブレー
アブ・ナワス
アーガーハーン三世
ラウル・ヴァネイゲム

オスカー・ワイルド
オマル・ハイヤーム
サー・リチャード・バートン
エマ・ゴールドマン
あなた自身のお気に入りを加えること

補遺C． 特別引用
Appendix C. Extra Quotes

我々にとってみれば、彼は永遠の失業という仕事を命ぜられているようなものだ。

もし、私たちに彼が仕事を求めてきたとしても、結局のところ、彼はこの〈ワイン〉を産み出すことはできなかっただろう。

これを腹一杯飲んだら、旦那、

〈あなた〉はとっとと出ていって、経済学に身を委ねたらいかが？

——ジャラール・ッ・ディーン・ルーミー〈ディワーネ・シャムス〉

ここに、大枝の下の一山のパンと、
一瓶のワインと、詩の本が一冊——そして汝が
我が脇にて荒野の中で歌っている——
そして荒野は、実に天国である。

おお、我が愛しい人よ、過去を悔い、
未来を恐れる今日という日を
清める酒杯を満たせ——
そして明日？——明日我は、
昨日の七千年と共にある我であろう

おお、我が愛しい人よ、汝と我は、
事象のこの哀れな仕組みをすべて会得しようと企てる
宿命にあってよいのであろうか、
我々はそれを微塵に打ち砕き——そして
心の欲望により近いものへと鋳直そうではないか！

——エドワード・フィッツジェラルドの自由訳によるオマル・ハイヤーム

歴史、唯物論、一元論、実証主義、そしてこの世界のあらゆる「～主義」は、わたしがもはや必要としたり、気にかけたりはしない旧弊でひからびたツールに過ぎない。わたしの原則は生であり、わたしの終わりは死である。わたしは、自らの生を悲劇的に抱擁するため、自らの生を情熱的に生きたいと望むのである。

あなたは革命を待っているのか？　わたしのそれは、大昔に始まったのだ！　あなたの準備が整った時（神よ、なんと終わりなき待機でしょうか！）、わたしは、しばらくの間でもあなたと共に行こうとはしないだろう。しかし、あなたが立ち止まった時にも、わたしは、無への偉大でまた高尚な征服へと通じる、我が気違いじみた凱旋の道を歩み続けることだろう！

あなたが構築するすべての社会は制限を備えていることだろう。そしてすべての社会の制限の外部には、野蛮で無垢な思考を備えた、荒々しく英雄的な浮浪者たちがさすらうことだろう——彼らは、常に謀反の新しくそしてものすごい暴発を企てることなしには、生きることができない者たちである！

わたしも彼らの一人となることだろう！

そして、わたしの後には、わたしの前と同様に、このように彼らの仲間に説く人たちが存在することだろう。「あなたの神へ、あなたの偶像に向かうよりも、あなた自身に向かいなさい。あなた自身の中に隠されているものを見つけ出しなさい、そして、それを白日の下に曝すのです、あなた自身を明らかにするのです！」と。

なぜなら、自分自身の内面性を探し求め、内部に神秘的に隠匿されていたものを引き出そうとするすべての人々は、太陽の下に存在することができるあらゆる社会の形態を覆い隠している影のようなものであるのだから！　すべての社会は、浮浪者たち、近寄りがたい者たち、唯一者たち、理想を超越した統治者たち、そして無の征服者たちによる冷笑的な貴族政治が断固として前進するとき、身震いするのである。

さあ、偶像破壊主義者たちよ、前進だ！

「未来を告げる天空は既にかき曇り、静寂となりぬ！」

——レンツォ・ノヴァトーレ・アルコラ、一九二〇年一月

海賊のラント
ベラミー船長
PIRATE RANT
Captain Bellamy

ダニエル・デフォーは、チャールズ・ジョンソン船長の筆名で海賊に関する最初のスタンダードな歴史文献となるものを著したが、それが『最も高名な海賊たちの略奪と殺人』である。パトリック・プリングルの『ジョリー・ロジャー』によれば、海賊への求人は無職の人々、逃亡した小作人、流刑になった罪人たちにとって、最も魅力のあるものであったという。外洋は階級間の不平等を即座に解消してみせた。デフォーは、ベラミー船長と名付けられた海賊が次の演説を彼が拿捕した商船の船長に行ったさまを描いている。その商船の船長は丁度、海賊に加わらないかという誘いを拒絶したところだ。

「やつらが、あんたのスループ船を返さねえってことには、まったくもって申し訳なく思うよ。わしは、それがわしの利益にならねえときには、誰にも損をさせたくはねえんだがね。あの糞忌々しいスループ船を、わしらは沈めなきゃなんねえんだが、あいつは、あんたにとっちゃ、そりゃ役に立つもんだろうよ。けどあんたは、こそこそ屋の青二才で、金持ち共がやつらの安全のためにでっち上げた法律にへいこらするんだろう。なぜって、あんたのような弱虫小僧にゃ、やつらが悪どくかっさらったもんを護るほか、勇気なんてもんを持ち合わせちゃいねえんだからな。あんたも一緒にくたばりゃいいんだ。あの狡賢い奴等も一緒にだ。そしてあんたは、やつらの召使いの肝の小せえ阿呆なんだ。やつらは、わしらをやくざもんだって馬鹿にするけど、ここが違うんだ。やつらは、法の庇護の下に貧乏人から巻き上げるんだ。そうだろう！　そしてわしらは、わしらの勇気に護られて、金持ちから搾り取るんだ。あんたにしたって、食うためにあんなやつらにおべっか使っているよりは、わしらに加わった方がいいんじゃねえか？」

そして商船の船長が、彼の意識が神と人の法を破らせてはくれないだろうと答えたとき、ベラミー船長は続けた。

「あんたは悪魔のような心根の憶病者だ。わしは自由の王子で、そしてわしは全世界に戦争を起こす専門家なんだぜ。やつらが百隻の船を海上に浮かべて、一万人の兵隊を戦場に駆り出したとしてもな。そして、このわしの心がわしに言うんだ。だが、こんなめそめそした弱虫たちと話し合っていても始まらねえ、とな。それはあんたらが、あんたたちを甲板中蹴り回すお偉いさんたちを、うれしがって受け入れているからだよ。」

ディナー・パーティー
THE DINNER PARTY

現存する社会秩序における人間社会の最も高度な形態は、客間において見いだされる。貴族階級のエレガントで洗練された親睦会には、法律のお門違いの干渉はまったく存在していない。各人の個性は充分に許されている。交際はそれゆえに完全に自由である。会話は途切れることなく、輝き、そして移ろう。グループは出し物に従って形作られる。それらは間断なく離散して再形成するのだが、それは微妙でいながらすべてに遍在する同一の影響力の作用を通じてのものである。相互の差異はすべての階級に遍在するものであって、複雑な人間関係においてこれまでに達成されたもっとも完全な調和とは、法律家と政治家とが、必然的なアナーキーと混乱の状況だとして嫌がるまさにその環境において優勢となるものである。もし、エチケットの法律などというものがあったとしても、それはそれぞれの個人の心によって、彼自身あるいは彼女自身のために取り入れられ、選ばれた諸原則が暗示されたものにしかすぎない。

現代の世代が展開している発展のすべての無数の諸要素を伴ったヒューマニティーの将来のあらゆる進歩においては、社会は概して、そしてすべてのその諸関係において、社会のある種の部分がある種の特別な関係において既に獲得しているのと同じように高度な完全性を獲得することはないだろう、と想像することは可能であろうか？

客間の交流が特定の法律により統制されることを想定してみよう。それぞれの紳士がそれぞれの淑女へ話しかけることが許される時間が法によって定められるのだ。彼らが座り、あるいは立つ姿勢は厳密に統制され、それぞれお互いの特権と権利への混乱と侵害とを避けるという口実のもとに、彼らが話すことができる話題、それぞれが表現するであろう声の調子、それに伴う身振りが入念に定義されるのである。その時には、社会的な交流を我慢できないような奴隷状態や望みない混乱へと転化する目的のため、あらゆるものがよりよく計算され、あるいはさらに効き目のあるものとなっているのではないだろうか？

――S．パール・アンドリューズ
『ザ・サイエンス・ソサエティ』

第二版への訳者あとがき

この第二版の日本語訳を依頼されたのが二〇一七年、二〇〇三年の英文第二版の出版から一四年が経過した時点であったが、その理由については、訳者は関与していない。第二版がアメリカで出版されたのちも、翻訳者の一種責任感めいたもの／もちろん興味もあって、アメリカの書店から購入してはいたが、怠惰であることや少々多忙であったこともあり、斜め読みしたあとは、長らく書棚に埋もれていた。

日本語訳初版の原典となるものは、一九九一年のオートノメディアによるものだが、拙訳による日本語訳が出たのが一九九七年、この時点で既に六年が経過していた。日本語訳初版に寄せられた、一九九六年の日付がある「日本語版への序文」の中で、作者は、「この本は、一〇年以上の昔に書かれたものである」と記しているのは、一九八五年、この本の一部である「カオス：存在論的アナーキズムの宣伝ビラ」が、グリム・リーパー・プレスによって世に出た時から起算しているのだろう。つまり、書名ともなっている、第三章である「一時的自律ゾーン」は、著者の感覚によれば、必ずしも第一義的なものではないことが理解できる。

九〇年代の初頭、初版の原書が世に出た当時、多くの人たちの興味をひいたのは、第三章「TAZ／一時的自律ゾーン」だろう。訳者は、当時の雰囲気をアメリカでリアルタイムで体験してはいないが、日常生活が次第に窒息性ガスで満たされつつあるとき、新たに登場したメディアの可能性へ向けられた人々の漠然とした期待が大きかったことは充分に推測できる。それに、一つの的確な「解」（あるいは、「わたしたち」にとっての「最適解」）を提示したのが、「ネットとウェブ」である。著者、あるいは識者に叱られるであろうが、サイバースペースは、TAZの実現に奉仕、あるいはそれを媒介するツールにとどまらず、訳者の実感としては、ある種の「フロンティア」でもあった。しかし、当然ながら、権力や社会は、そのような存在を許さない。その結果、ハキム・ベイは「サイバー＝グル」に祭り上げられてしまったのであるが、それは、既存のメディアによる、「TAZなど現実社会（リアルな社会）において実現するわけがない」という侮蔑に他ならない。この第二版の序文で、著者はそのことに「非常に」憤激している。そして、権力や商業によるウェブも含めたインターネットの「回収」は急速でもあった。

だが、それは、二〇〇一年のアメリカにおける同時多発テロの発生も関与していることは明らかだろう（二〇〇三年に書かれた第二版の序文では、触れられていない）。事件の後、アメリカのBBSなどには、著者のイスラム教への共感、そしてネットの持つツールとしての可能性、（「詩的」な）テロリズムという概念を提起していたことから、この事件の背後には彼がいるに違いない、という流言や飛語が散見された。これは、当時のアメリカ社会の（ある意味当然ではあるが、それはまた利用されたものでもある）危機感、恐怖に根差したものであろうが、これは、ウェブやネットへの監視や規制に拍車がかかったことと同根である。これによって、それまでの「国家対国家」という戦争の定義が、「テロリズムへの戦争」に置き換えられ、そのスローガンの下、「帝国」の力は増長され、著者が糾弾してやまない要素に満ちた社会は、一層ゆるぎないものとなった。この原稿を執筆時点のアメリカの政治を見ても、それは明らかであろう（日本はどうか？）。

では、この書籍が世に出た後、世界に目に見える影響があったのか――それは、訳者には知りえない。

ＴＡＺの定義を厳密に適用すれば、それは名付けられるや否や「移動されねばならない」のであり、「消滅せねばならない」のであるから、「これはＴＡＺである」と宣言されることは通常あり得ないし、また、「あれはＴＡＺだった」という述懐はあり得たとしても、大概は「不可視」であり続けたはずであるから。日本では、「これはＴＡＺだ」という人たちの動きもあったが、結局のところ、政治などに吸収されることを自ら選んだようだ。

あるいは、この本は第三章の「一時的自律ゾーン」の他に、それ以前に著された第一章「カオス：存在論的アナーキズムの宣伝ビラ」、第二章「存在論的アナーキー協会のコミュニケ集」があるのはあまり意識されていないようであるが、訳者の個人的感想から延べれば、初版の翻訳時には冒頭から取り掛かったこともあり、より印象深いものとなっている。その中には、「詩的テロリズム」、「アート・サボタージュ」という章があり、いわゆる「アート」（商品としてのそれは、今では蔑称に近くはなってしまってはいても）についての言及が特に多い。その詳細は本文をご覧いただくとして、近年話題になったものにはBanksyがある。彼自身は、「アートワールド」の一員であるが、サザビーズのオークションで落札直後、額に仕込まれたシュレッダーで自らの作品を（半分に終わったが）裁断して見せたのは、少々愉快だった。しかし、「アートマーケット」はよりしたたかだった。それは、落札価格のまま引き取られ、彼の「神話」の一つとなった。彼はまた、日本国内でも、ステンシル（孔版／複数制作や反転が可能）によるグラフィティを残し（彼自身でなくてもスプレー缶を使えば「落書き」できるし、型紙は一時期、誰でもebayなどで購入できたという）、それに政治家が無様に踊らされているが、チアパスにもその足跡を残していることなどを考え合わせると、彼は、ハキム・ベイの言うところの「詩的テロリズム」や「アート・サボタージュ」の一端を体現していると言えなくもない。

さて、ここでお詫びしなければならないことがある。第二版の補遺Aは、初版の「カオス言語学」から、「目的のない放浪：荘子のカオス言語学」(Aimless Wandering: Chuan Tzu's Chaos Linguistics) に差し替えられているのだが、大体は訳了してはいたものの、頁数制限のため、収録することがかなわなかった。従って、本書は第二版の全訳ではない。要約することは、訳者の手には余る。申し訳ない。

また、初版の中で、その後より良い（と訳者が考える）訳語が見つかったと判断した個所は、訂正してあることを申し添えねばならない。それゆえ、ウェブにアップした初版の最終稿に手直ししたテキストは、参照しないことをお勧めする。

最後になりましたが、どうしても初版のイメージから抜け出せず、また、ブランクも大きかったことから（二十二年はいささか長すぎた）、「滅茶苦茶」になってしまった序文の訳に、根気強く赤を入れてくださった訳者の私淑する師である粉川哲夫先生に心から感謝の意を表します。それにも関わらず、誤訳、迷訳があったなら、その責はすべて訳者にあることは言をまちません。

また、作業の遅れに辛抱強く付き合っていただいたインパクト出版会の深田様、その他の皆様に、お礼申し上げます。

二〇一九年五月

箕輪　裕

初版への訳者あとがき（抜粋）

「ギー・ドゥボールはかつて、紙やすりのカヴァーをかけた本を発行した。他の本を切り裂くことなくしては、その本を棚に置けぬようにするためにである。良いアイデアであったが、しかしハキム・ベイはドゥボールの一歩上を行った。彼はその紙やすりを、本の〈内側に〉入れたのだ。」――（ボブ・ブラックによる『T．A．Z．』の論評より）(1)

＊＊＊

この本『T．A．Z．一時的自律ゾーン、存在論的アナーキー、詩的テロリズム』は、ハキム・ベイの代表的著作とされる Hakim Bey, "T.A.Z. The Temporary Autonomous Zone, Ontological Anarchy, Poetic Terrorism", 1985. 1991, Autonomedia の全訳である。

このハキム・ベイという名は、本文中にも記されているように、本名ではなく、ある思想家の偽名なのであるが、その偽名であれ本名であれ、彼がこれまで著した本のタイトルを一瞥するだけでも、彼がアナーキズム、SF、イスラム教神秘主義、サイバーパンクといった幅広いジャンルを横断する執筆活動を行っていることが理解できるだろうし、そのことは、彼の代表的な著作とされるこの本を読んでの印象とも一致するものである。そしてこの本は、ハキム・ベイの名による著作の日本における最初の翻訳となるものであるが、彼の名と、彼が提唱したTAZすなわち「一時的自律ゾーン」という概念は、この国でもすでにいくつかの局面で注目を集め始めているようだ。

恐らく一九三〇年代中頃、アメリカに生まれたハキム・ベイは、一九六〇年代には、当時花盛りであったヒッピー・ムーヴメントに参加していたらしい。その後、六〇年代後半から七〇年代にかけ、北アフリカ、インド、アジア諸国、そしてイランを放浪した彼は、そこでイスラム教、特にイスラム教神秘主義について多くを学ぶことになるのだが、これらの体験は、この本の中でも随所に見て取れる。ヒッピー・ムーヴメントのような、大衆行動を伴う大規模な対抗文化は、その後日常生活にとけ込む形で一種不可視的なものとなり、様々な傾向に枝分かれして行くのであるが、ハキム・ベイのそれが、イスラム教神秘主義に傾倒しつつもなおかつ普遍的な価値を備えていることは、一部のあいだでティモシー・リアリー、ラム・ダスといった対抗文化の旗手たちと同列に論じられていることからも明らかであろう。

そして、アメリカに帰国したハキム・ベイは、その後ニューヨークに本拠を定めて編集者として活動することになる。それと平行して、ペルシアの詩歌を翻訳し、また、天使や初期アメリカの心理的アナーキズムについての本を著し始める。また、青年時代からSFに親しんでいたらしく、（訳者は未見であるが）最近になって各種の小規模なジーンに発表してもいる、という。そのような活動の一環として出版されたのが、この本『T．A．Z．』である。[2]

ハキム・ベイは、これまで一度も大手の出版社から本を出してはいないが、この本の第一部である「カオス：存在論的アナーキズムの宣伝ビラ」も、当初一九八五年にパンフレット出版的な形態で配布されたのち、作者による「謝辞」にあるように「海賊版」という形をも含めて流通し、また一九八七年に（それ以前の版があるかも知れないが）アウトノメディアという小出版社から刊行されている（絶版）。また第三部の「一時的自律ゾーン」は、一九九〇年春に書き終えられ、ラジオなどで朗読された後に、第一部、第二部（「存在論的アナーキー協会のコミュニケ集」）と併せて、一九九一年に『T．A．Z．』として、これもアウトノメディアから――しかも版権を放棄したアンチコピーライトで――出版されている（アンチコピーライトは、字義通りに翻訳すると「反コピーライト」となるのだが、しかしこれは、「コピーライトそのものを越える、まったく別なもの」と捉えた方が適切なムーヴメントである）。

このアウトノメディアとは、日本ではあまり耳慣れない出版社ではあるが、興味深い背景を備えたものである。アウトノメディアは、一九七四年に、ジム・フレミングとコロンビア大学のシルヴィール・ロトランジェが、「ドゥルーズ／ガタリ思想のアメリカ支部」といった形で始めた雑誌『セミオテクスト』に端を発しており、実際、七〇年代の『セミオテクスト』は、ほとんどガタリが主宰していた雑誌『ルシェルシュ』の英語版といった趣を呈していたようだ。

『セミオテクスト』からアウトノメディアへの移行には、大きな飛躍があった。セミオテクストは、ド・マン流のディコンストラクショニズムとは無縁であり、つねに〈いま〉進行し、潜在する運動とレフェレンシャルな関係を持つものであった。それは正しく、ドゥルーズとガタリの姿勢とシンクロするものであって、この時代のアメリカで発行されたラディカル・ジャーナルのなかでは最も風通しのよい――つまりグローバルな運動軸と拮抗するメディア、ということであったらしい。

だから、一九七九年にイタリアで〈ポスト・ニューレフト〉に対する不当な弾圧が始まると、『セミオテクスト』は、翌年に早くも「介入シリーズ」第一巻として「イタリア——アウトノミア」を刊行することになる。本書にも登場するアウトノミア運動とは、六八年のインパクトを受け継ぎつつ、想像力に満ちた活動を展開したイタリアの〈ポスト・ニューレフト〉の総称であって、ドゥルーズとガタリに「リゾーム」や「横断性」という基本概念を、そしてハキム・ベイにまさにTAZというコンセプトを思いつかせたものでもある。このアウトノミア運動については、粉川哲夫氏の「イタリアの熱い日々」(『メディアの牢獄』晶文社)で詳述されているのでそちらを参照頂きたいが、このように、セミオテクストからアウトノメディアへの移行の根幹には、アウトノミア運動への深い思い入れがあったことは忘れてはならないものであろう。

このような移行に伴って、アウトノメディアは、ロトランジェのコロンビア大学哲学科研究室からジム・フレミングのブルックリンの巨大なロフトビルに事務所を移すのであるが、そのブルックリンには、シルヴィア・フェデリーチをはじめとして、アウトノミアにコミットする活動家や論客が幾人も住み、しばしばアウトノメディアの編集会議に顔を出すようになっていた。ハキム・ベイも、こうした「ブルックリン・コネクション」のなかで『セミオテクスト』に、そしてアウトノメディアの活動に加わってきたらしい。その当時のハキム・ベイは、「思想家というよりも編集者の風貌とセンスの持ち主」であったというが、やがて、アウトノメディアの編集企画の重要なスタッフになっていった。だが、この本『T.A.Z.』を読むことからも、その語の本来の意味における〈編集者〉こそが真の思想家であることは、ヴァルター・ベンヤミンが思考をモンタージュや引用や「廃品回収」に引き寄せたことを持ち

出さずとも、もはや明らかなことであろう。(3)

また、そのハキム・ベイが提起したTAZ（一時的自律ゾーン）という概念についてであるが、それは突然変異的に出現した理念ではなく、著者の作業のなかでもその歴史的な水脈が入念に明らかにされてもいる。しかしそれにも関わらず、わたしたちにとって、ある意味で「突然の顕現」のように突飛な印象を与えずにはおかないものでもある。しかしながら、たとえば一九六〇年代フランスのギー・ドゥボールらによるシチュアシオニスム、あるいはアウトノミア運動を振り返ることで、既に彼らがTAZにきわめて近いことを試みていたのを知ることができるだろうし、権力システムがネットワーク化しつつある今日においては、現状を肯定し、権力に奉仕する立場にない人にとって、もしかしたら「明日始めることのできるかも知れない」活動の一形態でもあるのだ。(4)この意味でも、シチュアシオニスム、アウトノミア運動の何れもが、日本ではあまり論じられていないのは残念なことである。

しかし、このようにたどってくることにより、一九八五年に「カオス：存在論的アナーキズムの宣伝ビラ」が、そして一九九一年に『T.A.Z.』が発行された当時、TAZという概念が、すでにシチュアシオニスム、そしてアウトノミア運動を経験した人たちによって、それらの回収あるいは弾圧以降の時代における、新たで有効な対抗戦術として熱狂的に迎えられたであろうと想像するのは難いことではない。そして当然のことながら、彼の提起する思想は六〇年代、七〇年代のそれではなく、八〇年代以降の社会におけるものであって、いかなるイデオロギーやドグマも——自身の定義すらも——拒否するより身軽でしなやかなそれは、さらに広範囲の人たちにもアピールすることを可能としたのであった。

このような背景を持つ本書の第一部が世に出た一九八五年とは、冷戦構造の崩壊が一九八九年だったとすればそれ以前のこと、しかしペレストロイカが始まりつつあった時期にあたる。それゆえ著者は、この日本語訳への序文の中で、「いくつかの部分はリライトされねばならない」と記しているのだが、それにも関わらず、今日においてTAZの概念はさらにその重要性を増してきている、と訳者は考える。そのように思う理由の一つには、インターネットに代表される新しいコミュニケーションの登場が挙げられるのだが、つまり、歴史上の諸TAZと同様の性質を備えたものが——それを受け継ぐような意識において、より今日的な形で——サイバースペースの上で展開され始めているからだ。

執筆の当時、インターネットは未だ人々に意識されてはいなかったし、著者もこの本の中では一度もインターネットという言葉を用いてはいない。だがハキム・ベイは、第三部「一時的自律ゾーン」の中の「ネットとウェブ」において、今日の状況を想定していたかのような展開を示している。TAZを実現するためのツールとしてのコンピュータを用いたコミュニケーションの有用性は、例えば、ハキム・ベイの名前で発表されたテクストのほとんどがインターネット上で読むことができることからだけでも充分に明らかであろう。そして、インターネットが爆発的に普及するにつれ、人々は——ハッカーや、メディアを舞台として活動するアクティヴィストたちだけではなく——当然のように、自らのスペースをTAZと見なすことになる。

＊＊＊

だが、このような傾向に対し、ハキム・ベイ自身は非常に懐疑的な態度をとっている。例えば、「わたしが言ったのは、フィジカルなスペースを備えないTAZは存在しない、ということだ。サイバースペースとフィジカルなスペースとの間には相互関係はない、などと言ってはいない……（中略）……もし、身体を包含していなかったら、その自由は幻覚である、ということなのだ。」とも語っている。(6)

だが、これは少々手厳しすぎるだろう。サイバースペース上に、フィジカルなスペースにおけると同じような諸システムが存在しているのであれば、フィジカルなスペースにおけると同様に、サイバースペースにおいてもTAZを出現させようとする行為の意義は決して低くないからだ。恐らく彼のこれらの言葉は、インターネットがそのメディアとしての機能を未だ充分に発揮していないことに対する批判として受け取るべきなのだろう。現在のように、これら二つのスペースが一つとなる――あるいは分離不可能となる――局面を迎えようとしている時代においては、たとえそれがヴァーチャルなものであったとしても、TAZを追い求める行為が必要とされることは確かであろうからだ。（中略）

＊　＊　＊

本書は、「カオスは決して滅びてはいない」という言葉で始まる。そして、私たちが未だカオスの中にあることを提示した後に始まる第一部では、あたかもそのカオスそのものであるかのように混沌とした世界が描き出されてゆく。その途中で混乱してしまう方も恐らくはおられることだろう。それは、訳者の力量不足によるところも大であるが、原文が非常に難解かつ「詩的」であったことにもよる。困ったことに、ハキム・ベイは、言葉の捏造や悪ふざけを好むという評判があるほどの人物なのだ。そのような時は、第二部「存在論的アナーキー協会のコミュニケ集」、あるいは第三部の「一時的自律ゾーン」

から読み始められても差し支えないと評者としては考える。そして、その後第一部に立ち戻られれば、今度は充分にそのカオスを楽しむことができることだろう。

本書の訳出出版は、すでに九四年に着手されていたが、それが三年以上もの期間をおいてやっと実現したのは、翻訳の機会を与えられながらそれを果たせなかった訳者の怠慢にすべて原因がある。末筆ながら、著者と訳者とをいろいろな意味で「媒介」していただき、様々な問いにも答えていただいた粉川氏、また、編集・校正をはじめとして多くの負担をかけてしまったインパクト出版会の深田、原田の両氏、そして製版に携わっていただいた方々に、心から感謝の意を表したい。それにも関わらず、この翻訳の中に見いだされるであろうあらゆる種類の誤りは、すべて訳者の責に帰するものであることは言を待たない。各分野の専門家の方々のご指摘をお待ちする次第である。

（一九九七年一〇月）


［1］Bob Black, "Beneath the Underground", Feral House 1994, p105.

［2］Hakim Bey の名で出版された書籍で、現在でも入手可能なものに "Immediatism", AK Press 1994 がある。この本もアンチ・コピーライトで著されている。

［3］粉川哲夫「T.A.Z. - Temporary Autonomous Zone 必要なのはネットのなかに無数の生きた《ウェブ》を張り続けることだ」、『STUDIO VOICE』vol.238、一九九五年一〇月号、一九頁に多くを拠っている。

［5］一九九五年三月一八日、「パブリック・ネットベース」のユーザー達との間で行われたインタビューより。

［6］同右。

T.A.Z. 一時的自律ゾーン、存在論的アナーキー、詩的テロリズム［第2版］

1997年10月15日　第1版第1刷発行
2019年11月10日　第2版第1刷発行
2025年 9月20日　第2版第2刷発行
著　者　ハキム・ベイ
訳　者　箕輪　裕
発行人　川満昭広
装幀者　藤原邦久
発　行　インパクト出版会
〒113-0033　東京都文京区本郷2-5-11　服部ビル2F
Tel 03-3818-7576　Fax 03-3818-8676
E-mail：impact@jca.apc.org
https://impact-shuppankai.com/
郵便振替　00110-9-83148

モリモト印刷株式会社